Diogenes Taschenbuch 22699

Georges Wolinski

Offener Brief an meine Frau

Mit 19 Zeichnungen
vom Verfasser
Aus dem Französischen von
Wolfgang Krege

Diogenes

Titel der 1978 bei Albin Michel,
Paris, erschienenen Originalausgabe:
›Lettre ouverte à ma femme‹
Copyright © 1978 by
Editions Albin Michel, S. A.
Die deutsche Übersetzung erschien
erstmals 1980
Umschlagillustration von
Edward Gorey

Neuübersetzung

Alle deutschen Rechte vorbehalten
Copyright © 1994
Diogenes Verlag AG Zürich
80/94/36/1
ISBN 3 257 22699 3

Inhalt

Morgens 7

Das Gewicht der Blicke 14

Das Tabu der Schamhaare 20

Es tut sich was 26

Frau meiner Träume 32

Die Kindheit eines Phallokraten 35

Die Amerikaner.
  Tea for two, and two for tea 45

Sexualerziehung: die Bücher 52

Sidi Abdel Aguèche 58

Warum bewegst du dich denn nicht? 61

Gespräch auf Band:
  Möchtest du einen Mann ernähren? 65

Die Privilegien 69

Verhütung 75

Eines Tages dreht man sich um... 81

Die praktische Frau 85

Sexualerziehung, zweiter Teil 93

Ich will nicht in Dummheit sterben 100

Die Feministinnen 106

Zum Schluß 117

Morgens

Der Wecker klingelt, sieben Uhr. Gestern sind wir spät schlafen gegangen, wie üblich. Ich mag noch nicht aufstehen. Mit halbgeschlossenen Augen sehe ich zu, wie du zur Badezimmertür gehst. Dein nackter Körper ist ein heller Fleck vor den blaugetünchten Wänden. Der Anblick ist die erste Belohnung für das Erwachen.

Jeder Tag ist ein kleines Leben für sich; ich versuche soviel wie möglich daraus zu machen. Abends schreibe ich mein Testament: ich rechne ab, was der verflossene Tag an Freuden und Freundlichkeiten, Ärger und Plackerei, an Streicheleinheiten, Demütigungen und Triumphen gebracht hat. Wenn die Bilanz positiv ist, schlafe ich befriedigt ein, die Hand unter deine Hüfte geschmiegt. Wenn sie negativ ist, bin ich schlecht aufgelegt, bedrückt, begierig, mich morgen für alles, was heute schiefgegangen ist, zu rächen, und kann nur schwer einschlafen.

Ich weiß, du bist jetzt noch eine gute halbe Stunde mit deinen Döschen, Tübchen und Lackfläschchen beschäftigt, mit deinen Pinseln, Stiften und Pinzetten. Während ich wieder eindöse, höre ich noch ein paarmal das Pssscht, pssscht deiner Sprays.

Du läufst im Zimmer hin und her. Du streifst meine Laken, machst den Kleiderschrank auf. Das Knarren der Tür weckt mich aus dem Halbschlaf. Du suchst aus, was du anziehen willst, je nach Wetter und Jahreszeit, je nach Laune und nach den Leuten, die du triffst. Du überlegst, du weißt noch nicht, was du willst. Wenn ich den Arm ausstreckte, könnte ich deinen glatten Schenkel streicheln. Ich würde es gern tun. Vor etwa zehn Jahren, als wir uns gerade kennengelernt hatten, hätte ich es getan. Ohne Bedenken hätte ich dich bei der Hand genommen und dich ins Bett gezogen. Und wir hätten uns geliebt.

Damals warst du für mich wie eine Puppe, mit der ich spielen durfte, wann immer ich wollte. Ich war unersättlich nach dir, manchmal an den ausgefallensten und unpassendsten Orten. An der Landstraße hielt ich, um mich mit dir in die Büsche zu schlagen. Zu der Zeit machte ich mir ganz unbefangen die Überlegenheit zunutze, die ich daraus schöpfte, daß ich neun Jahre älter bin als du.

Du hast mich nicht nur gewähren lassen, du hast mich ziemlich oft auch angestiftet. Heute bist du nicht mehr dieselbe. Ich weiß nicht, wie du reagieren würdest. Gerade schlüpfst du in deine Wäsche. Ich kenne jede Bewegung auswendig, ich kenne die Griffe, mit denen du dafür sorgst, daß deine Strumpfhose keine Falten bildet.

Vor zehn Jahren trugst du noch spitzenbesetzte Strumpfhalter. Alle Männer fanden das aufregend, ich auch, und ich traure den berauschenden Momenten nach, wenn meine Hand unter deinem Rock über dem oberen Rand des Strumpfes die zarte Haut fand.

Dein Körper ist noch immer der einer jungen Großstädterin; er hat sich nur wenig verändert. Gepflegtes Aussehen ist dir ein leidenschaftliches Bedürfnis. Nie habe ich dich in vernachlässigtem Zustand ertappt. Immer wie aus dem Ei gepellt. Die Schuhe blank, der Rock schmiegsam herabfließend, mit lockenden Falten, die Seidenbluse, der sorgfältig abgestimmte Schmuck, das dezent gefärbte Haar, manikürte Fingernägel, das diskrete Parfüm.

Egal, wie spät du am vorigen Abend zu Bett gegangen und wie müde du noch bist, du nimmst dir soviel Zeit, bis dein Spiegelbild dich zufriedenstellt. Nun bist du fertig. Du gehst aus dem Zimmer und hinterläßt den köstlichen Geruch deines Parfüms.

Jetzt kümmerst du dich gleich um unsere kleine Tochter, so geduldig und ungeduldig zugleich, wie es deine Art ist. Geduldig, weil du dem kleinen Monster so gut wie alles durchgehen läßt. Ungeduldig, weil die Göre das nach Kräften ausnützt. Sie trödelt herum, braucht eine endlose Zeit für ihr Frühstück. Es scheint ihr Spaß zu machen, wenn sie dich schreien hört: »Ich kann nicht mehr! Schon am Morgen krieg ich Herzklopfen! Dieses Kind ist unausstehlich. Nun iß doch endlich! In einer Stunde hab ich einen Termin in Dreux. Georges, wie kommt man nach Dreux? Wie wenn wir zu meiner Mutter fahren? Iß jetzt!«

»Lies mir eine Geschichte vor!« sagt Elsa, unbeirrbar.

»Ja, ich lese dir eine vor, aber iß!«

Während Elsa in der Küche gemächlich ihre Corn Flakes löffelt und Petzis Abenteuern zuhört, kann ich in Ruhe aufstehen und mich beim Pinkeln meiner morgendlichen Erektion entledigen. Ich schalte das Radio ein und rasiere mich. Ohne Begeisterung sehe ich meine Visage im Spiegel. Ich bin aufgeschwemmt und kahl. Ich würde gern aussehen wie Lucky Luke, aber die Ähnlichkeit mit Charlie Brown ist leider größer. Ich möchte nicht noch mal jung sein. Mein Alter ist mir recht. Aber noch älter zu werden ist mir zuwider. Wenn ich doch den Zähler auf vierundvierzig anhalten könnte! Und dann immer vierundvierzig bleiben, bis ans Ende meiner Tage!

Du zerteilst den Holzperlenvorhang und kommst ins Badezimmer. Natürlich, du hast es eilig. Du sagst mir dein Tagesprogramm auf: »Ich bringe Elsa zur Schule. Ich gebe die Einkaufsliste im Laden ab. Ich bereite meine Interviews vor. Zwischen zwei Terminen gehe ich rasch auf die Bank...« Aber im nächsten Moment habe ich das alles wieder vergessen. Während du mit mir redest, höre ich die Achtuhrnachrichten. Die Kleine kommt hereingetanzt; ich tupfe ihr Rasierseife auf die Nase. Sie quietscht vor Vergnügen, läuft davon und fängt an, auf dem Bett herumzutollen. Aber dazu ist jetzt nicht der richtige Moment. Du schleppst sie mit viel Mühe ab in ihr Zimmer, und nun beginnen zähe Verhandlungen über die passende Kleidung für den Tag. Mademoiselle hat sehr eigenwillige Vorstellungen. Manchmal ist ihr nur schwer begreiflich zu machen, warum man im Winter keine Shorts anzieht.

Ich gehe durch den Vorhang und lasse die Holzperlen hinter mir klappern. Diese Bewegung und das Geräusch, das sie hervorruft, versetzen mich um viele Jahre zurück. In Tunis mußte ich, wenn ich zum Friseur ging, durch einen ähnlichen Vorhang; er hielt die Fliegen ab. Während der Friseur mir als kleinem Jungen mit der Haarschneidemaschine einen sorgfältig abgestuften Schnitt verpaßte, beäugte ich die Reklame, auf der elegante Damen unter ihren Beton-Dauerwellen mit halboffenem Mund den Lippenstift Marke »Baiser« vorzeigten.

Ich gehe in die Küche und mache mir einen Kaffee.

Wir steigen zusammen in den Hof hinunter. Ich mache das Tor auf und fahre den Wagen raus. Du hast oft Schwierigkeiten mit dem Rückwärtsgang. Du kannst auch keine Konservendosen öffnen, kannst den Boiler nicht anmachen, keine Flasche entkorken, keinen neuen Film einlegen, und daß du mit einem Revolver umgehen könntest, kann ich mir auch nicht vorstellen.

Ich dagegen, ich kann den Tisch nicht ordentlich decken, ich kann nicht nähen und nicht bügeln. Liegt an der Erziehung.

Du kurbelst das Fenster herunter, und zum ersten Mal an diesem Morgen schaust du mich wirklich an. Du lächelst. Ich weiß, dieser Augenblick ist dir sehr wichtig. Wenn ich gleichgültig dreinschaue, rufst du mich nachher von wo auch immer an und behauptest, ich würde dich nicht mehr lieben. Ich gebe dir ein vorsichtiges Küßchen, mit

Rücksicht auf das zarte Pastellgemälde deines Gesichts. Die kleine Miss kriegt einen lauten Schmatz. Der Wagen fährt ab. Noch einmal Winken, und ich bin allein.

Ich gehe mir die vier Zeitungen kaufen, die ich jeden Morgen diagonal lese. Der kurze Weg und die drei Treppen rauf in die Wohnung sind oft meine einzige körperliche Betätigung am ganzen Tag.

Das Gewicht der Blicke

Der Morgen ist meine beste Zeit. Morgens habe ich einen klaren Kopf, ich bin einfallsreich und unternehmungslustig. Ich fühle mich stark. Abends schlaffe ich ab, blödle, träume, sinniere, trinke, zweifle an mir selbst und ergebe mich dem Fernsehen. Der Abend ist die stille Stunde, wo meine Gedanken verworren werden.

Auf der Straße treffe ich Frauen, die zu ihrer Arbeit unterwegs sind. Sie haben ausgeschlafene Gesichter und sind sorgfältig frisiert. An ihren Blusen sieht man noch die Bügelfalten, und sie verbreiten einen leichten Lavendelgeruch.

Ich kann es nicht lassen, nach den Frauen zu sehen. Alte Gewohnheit. Dich ärgert es, ich weiß. Du hast es mich oft genug spüren lassen, besonders in der ersten Zeit unseres gemeinsamen Lebens. Damals musterte ich sie ganz unbefangen von Kopf bis Fuß. Im Auto folgte ich ihnen mit meinem Blick. Wenn ich mich dann dir zuwandte, sah ich dein wütendes Gesicht. Heute bin ich diskreter, aber nach wie vor überzeugt, daß der Mann seine Augen vor allem für die Frauen hat. Für einen schönen Frauenhintern verzichte ich auf sämtliche Sonnenuntergänge von Venedig. Oft habe ich einen Mann gezeichnet, der am äußersten Rand einer Felsklippe steht, aber der im Meer untergehenden Sonne den Rücken zukehrt, um den Hintern einer Frau zu bewundern.

Heute schaue ich nicht mehr so aufdringlich hin, aber einen Blick erlaube ich mir schon. Fast unbewußt registriere ich alles, was mich interessiert. Dieses Hüpfen unter dem T-Shirt einer Kunststudentin verrät mir, sie trägt keinen Büstenhalter. Die Zeichenmappe unterm Arm, geht sie zur nahegelegenen École des Beaux-Arts und wackelt mit dem drallen Hintern in den verwaschenen engen Jeans.

Die Verkäuferinnen in dem bekannten Tapetengeschäft stehen schon für die Kunden bereit, die Auftragsblöcke in der Hand. Die ersten alten Tanten aus den schicken Wohnvierteln trudeln ein, um kilometerweise Japanpapier zu kaufen, hergestellt von kleinen Miezen mit Schlitzaugen und kurzen, muskulösen Beinen, wie man sie immer öfter nun auch in Paris sieht. Diese armen Verkäuferinnen müssen den obligatorischen guten Geschmack verkörpern, aseptisch wie die Fotomodelle einer familienfreundlichen Illustrierten, aber überraschenderweise sind die Röcke ihrer strengen Uniform ziemlich hoch geschlitzt und geben manchmal ein flüchtiges Stückchen Haut frei.

Auf dem Platz zwischen Tauben und leeren Flaschen – Strandgut der Nacht – warten Schülerinnen einer Handelsschule auf den Beginn ihres zweifellos bescheuerten Unterrichts. Die hübschesten sind von strubbligen Jungen umringt, die sich auf ihre dreckigen Mopeds stützen. Merkwürdig, je älter ich werde, desto weniger bin ich für den perversen Charme dieser Schulmädchen empfänglich.

Diese jungen Dinger sind einfach zu doof. Im Kopf sieht es bei denen aus wie im Höschen. Sie flennen und kichern wie verrückt. Fressen sich voll, knappern an den Fingernägeln, wissen nicht, wie sie gehen, stehen oder sitzen sollen, mal zu steif, mal zaghaft und schlaff, mal hingefläzt und großspurig. Sie begeistern sich für den letzten Müll, für das jeweils neueste Plagiat. Entdecken gerade Jean-Paul Sartre und die Popmusik, Giraudoux und den *amour fou*. Ein Vierzigjähriger ist für die Gören ein Opa. Man ist für sie Luft – ein alter Glatzkopf mit Wampe, der Stielaugen macht. Die armen gicksenden kleinen Dummchen versuchen auch noch zu schauspielern und imitieren den kalten Blick der Mannequins aus der *Vogue*. Ich möchte nur wissen, wie die vögeln, mit ihren ungepflegten Zotteln und ihren schlampigen Klamotten. Vermutlich ist es wie mit dem Rauchen: Die Kleinen wollen es nur den Großen nachmachen. Aber dieses Feuer im Arsch, wie ich es hatte, als ich so alt war wie sie, angeheizt von der Frustration einer Zeit, als es die Pille noch nicht gab, ob sie das überhaupt kennen?

Ein Wesen mit Sturzhelm überholt mich auf einem knatternden Motorrad. Ich schaue ihm nach. Wie ich's mir gedacht hatte: eine lange blonde Strähne flattert unter dem Helm. Unter den Jeans der hochhackige Absatz eines Stiefels, auf dem Sattel, rund und selbstsicher, die zwei Arschbacken einer Frau in ihrem engen Schmuckkästchen aus blauem Stoff. Kein Zentimeter Haut ist zu sehen in diesem seltsamen Stilleben aus Metall, Gummi, Leder, Stoff und Plastik, und trotzdem wirkt sie nackt und ausgestellt, als würde sie öffentlich auf einem Liebhaber reiten. Schon ist sie weit weg.

Wenn man Blicke wiegen könnte, auf wie viele Kilo Männerblicke käme dann eine Frau im Lauf eines Tages? Der gelassene Blick des glücklich verheirateten Vierzigjährigen, wie ich es bin. Der schräge Blick des jugoslawischen Fensterputzers, der scheinheilig gleichgültige Blick des Polizisten, der schlüpfrige Blick des Hausmeisters, der von seiner schwabbeligen besseren Hälfte überwacht wird, der hungrige Blick des gehemmten Halbwüchsigen, der resignierte Blick des ausländischen

Arbeiters, der Expertenblick des Lastwagenfahrers von der Höhe seiner Pin-up-geschmückten Kabine auf die Beine der Fahrerin in dem kleinen Renault, die wegen der Hitze den Rock hochgezogen hat. Der abschätzende Blick des routinierten Anmachers, der weiß, daß unter hundert immer eine ist, die auf ihn fliegt. Der Blick des Busschaffners, den die durchsichtigen Blusen der Frauen mehr interessieren als die Monatskarte, die sie ihm vorzeigen, und der sein Lenkrad mit einem Seufzer herumwirft, weil er nichts für seinen Steifen tun kann, den die Vibrationen des Motors immer von neuem erregen.

Vor mir schaukelt ein Wesen, aufgetakelt wie eine Fregatte. Bei jedem Schlenderschritt zeichnet sich unter den Hüften die Rundung der Arschbakken ab, mit der Schlucht in der Mitte, in der sich der leichte Seidenstoff des Kleides verfängt. Darunter trägt sie, wenn überhaupt etwas, dann ein hauchdünnes Nichts von einem Slip. Auf der einen Schulter der Knoten des Halstuchs, auf der andern der Riemen der Handtasche, darüber das wilde Haar, von einem schwulen Coiffeur kunstvoll entfesselt. Die Brüste wippen vor ihr her, die hohen Absätze klappern über das Pflaster. Im Vorbeigehen versuche ich nicht, ihr Gesicht anzusehen, weil es vielleicht eine Enttäuschung wäre.

In einer Gesellschaft ohne Koketterie, ohne hohe Absätze, durchsichtige Stoffe, Parfüms, Hosen, die den Arsch modellieren, wäre ich unglücklich. Ich glaube, ich bin nicht der einzige meiner Art.

Das Tabu der Schamhaare

Der Kioskbesitzer mit dem Vollbart ist mein Freund. Wir geben uns die Hand und versichern uns wie jeden Morgen, daß wir von all den Scheißern mal wieder die Schnauze voll haben.

Zu diesen Scheißern gehören die Reichen, weil sie reich sind, und die Armen, weil sie arm sind. Außerdem die Polizisten, sämtliche Minister, jene Filmkritiker, die verraten, wie der Film ausgeht, und etliche Journalisten, die wir besonders lieben.

Der Vollbart gibt mir meine Zeitungen. Ich lasse den Blick über die Cover am Aushang schweifen: *Playboy, Penthouse, Lui, International, Absolu* und so weiter. Brüste, Hinterteile, Zungen, gebleckte Zähne, Geschlechtsteile, so weit das Auge reicht. Seit einigen Jahren sehen die Zeitungskioske wie Sex-Shops aus. Die seriösen Blätter müssen sich verstecken. Wer ein Luftfahrt-Magazin kaufen will, wird ja keine Bedenken haben, danach zu fragen; wer dagegen *Homo* kauft, zeigt lieber bloß mit dem Finger drauf, zahlt und geht ohne ein Wort. Ich blättere den *Playboy* durch und sehe mir das

Faltblatt in der Mitte an, auf dem sich ein Wesen mit gemeißelten Formen ausstellt, die Schenkel weit geöffnet.

In meinem Arbeitszimmer habe ich einen ganzen Stapel *Playboy*-Nummern, manche davon sind schon sehr alt. Aus Neugier und mit viel Vergnügen habe ich die Entwicklung dieser Männer-Magazine verfolgt. Seit meiner Jugend, als ich mit trockenem Mund die bräunlichen Fotos in *Paris-Hollywood* ansah, auf denen mit Lippenstift beschmierte Mädchen zwar ihre Brüste zeigten, den Unterleib aber hinter einem schamhaft vorgebogenen Schenkel verbargen, hat sich einiges geändert. Lieber war mir allerdings das *V. Magazine*, mehr oder weniger eine Zeitschrift für Nudisten, in der die Modelle nicht wie Prostituierte aussahen. Später habe ich dann bei *Hara-Kiri* mitgearbeitet. Dort fotografierten wir nackte Mädchen, vermieden es aber immer, die Schamhaare zu zeigen. Dieses Tabu besteht in vielen Ländern immer noch fort, in Japan zum Beispiel, von Afrika gar nicht zu reden, und ich hätte nie erwartet, daß es bei uns so leicht zu durchbrechen und außer Kraft zu setzen sein würde. Vor fünfzehn Jahren bekamen wir bei *Hara-Kiri* den größten Ärger, weil wir mal das Foto eines Mädchens mit etwas zerrissenem Höschen abgedruckt hatten. Um dieselbe Zeit durfte

Lui einmal nicht öffentlich ausgelegt werden, weil man auf dem Titelbild die Brustwarzen der Models erkennen konnte. Heute, wo die Mädchen in den Männer-Magazinen die Beine spreizen müssen, daß die Gelenke knacken, können wir darüber nur lächeln.

Sehr bald hat die schattenhafte Andeutung des weiblichen Geschlechtsteils nicht mehr genügt. Im *Hustler*, einer amerikanischen Zeitschrift, die in Frankreich verboten ist und von der ich trotzdem ein paar Nummern besitze, wird die Vulva voll entfaltet gezeigt, klaffend weit offen, fremdartig wie eine Orchidee oder Anemone. Der Chefredakteur dieser Zeitschrift rechtfertigt in einem Editorial diese Darstellung, die den meisten Frauen als unzumutbar erscheint: »Wir zeigen Geschlechtsteile von Frauen, weil es Männer gibt, die sie gern sehen möchten, und weil es Frauen gibt, die nichts dagegen haben, sie zu zeigen. Sie, die uns kritisieren, sind Frömmler und Heuchler. Im übrigen«, fügt er hinzu, »werde ich Ihnen jetzt ein Beispiel für echte Pornographie geben.« Dann folgen Kriegsfotos von zerfetzten Leibern. »Das ist wirklich häßlich, abstoßend, ekelhaft«, schließt er, »eben der Krieg. Die Heuchler, die gegen Pornographie kämpfen, halten es mit den kriegerischen Tugenden.«

Ich finde, dieses Argument stimmt. Nach dem,

was ich zuletzt gehört habe, soll der mutige Mann später in Mystik versackt sein, dann wurde er angeschossen und sitzt nun gelähmt im Rollstuhl. In den USA ist mit der Moral nicht zu spaßen.

»Schau mal«, sage ich bewundernd zu dem Vollbart, »hast du die Muschi von der hier gesehn?« Mein Freund wirft einen Expertenblick drauf. Natürlich hat er sie schon gesehen, aber um mir eine Freude zu machen, grunzt er voller Bewunderung. Gemeinsam betrachten wir ein Wesen mit eher strengem Gesicht, ein wenig träumerisch und geistesabwesend, in einem Kleid von korrekter Eleganz und mit unauffälligem Schmuck, die in einem geschmackvoll eingerichteten Zimmer auf einem Sofa sitzt, aristokratische Schenkel öffnet und eine köstlich halboffene Spalte preisgibt, überschattet von einem wunderbar gekräuselten Vlies.

Die Zeitungen unterm Arm, komme ich nach Hause. Ich denke an einen anderen Freund, ebenfalls vollbärtig. Vor ungefähr zehn Jahren hatte mir jemand einige Nummern von *Private* geliehen, einer Zeitschrift aus Schweden, die man in diesen vorsintflutlichen Zeiten abonnieren konnte, als die Pornographie in Frankreich nicht nur verboten, sondern überhaupt undenkbar war. Das Neue an dieser Zeitschrift war, daß sie im Dienste der Pornographie alle Errungenschaften der fotografischen Technik und des Vierfarbendrucks auf schönem Glanzpapier zur Geltung brachte. Die Schweden sparten nicht mit Nahaufnahmen; sie nahmen die Mösen voll ins Visier. Neu war auch, daß die Mädchen dabei nicht unbedingt professionell wirkten. Sie schienen eher Studentinnen oder Hostessen zu sein; man würde zögern, ihnen Geld anzubieten, so sehr sind sie offenbar schon damit zufrieden, von all diesen tätowierten Muskelpaketen gevögelt zu werden. Mit zitternden Barthaaren blättert mein Freund langsam die Seiten durch, dann sagt er einfach: »Entschuldige, jetzt muß ich erst mal wichsen.« – »Bitte«, sag ich zu ihm, »fühl dich hier ganz wie zu Hause.« Er verschwindet mit den *Private*-Nummern auf der Toilette, und als er nach zehn Minuten wiederkommt, ist er ein bißchen wackelig in den Knien.

Viele Männer haben dank diesen Zeitschriften ungeahntes Neuland entdeckt. Es ist leichter, mit einer Frau zu schlafen, als ihr zu gestehen, daß man ihr Geschlechtsteil betrachten möchte. Aus diesem Grund kommen all die schweigsamen Männer in mittleren Jahren, all die Gastarbeiter aus Ländern, die von menschenverachtenden Schuften im Bund mit religiösen Fanatikern regiert werden, in unsere Kinos, um in Großaufnahme das unerhörte Schauspiel zu erleben, wie gewaltige Schwänze sich in wundervolle Öffnungen bohren. Die meisten von diesen Männern sind brave Familienväter, die sexuell nicht gerade verwöhnt werden und allenfalls die hastigen Umarmungen und Berührungen im Halbdunkel des Samstagabends kennen. Was ich bedaure, ist nur, daß die pornographischen Filme so schlecht sind, so erniedrigend für die armen Mädchen, die auf diese Weise ihren kümmerlichen Unterhalt verdienen. Aber die Männer, die in die Porno-Kinos gehen, verachte ich nicht. Sie sind meine Brüder.

Vielleicht werden ja die heutigen jungen Männer, die Dorfburschen, die gruppenweise in die nächste Stadt fahren und dort im Porno-Kino nervös herumalbern, die Studenten, deren Freundinnen, etwa so alt wie meine ältere Tochter, die Pille nehmen und am Strand ganz selbstverständlich die Brüste entblößen, vielleicht werden sie sich ja von dieser sexuellen Obsession freimachen können, die ihr Frauen so schwer verstehen könnt und von der mein ganzes Leben vergiftet oder – je nachdem, wann und wo – verschönt worden ist.

Es tut sich was

Als ich dich kennenlernte, hast du bei einer großen Pariser Zeitung gearbeitet. Schon damals interessiertest du dich für soziale Probleme und für die Frauenfrage.

Die französische Frauenbewegung entstand gerade erst, unmittelbar im Anschluß an die Barrikadenkämpfe von 68. Die große Schlacht galt der Abtreibung und Empfängnisverhütung. Du warst in Bobigny, als die junge Marie-Claire freigesprochen wurde, die mit Einverständnis ihrer Mutter ihre Schwangerschaft hatte abbrechen lassen. Der Prozeß wirkte wie Dynamit. Du gingst auch am nächsten Tag noch zur ersten Kundgebung der Frauen in der *Mutualité*.

Gruppen bildeten sich: »Choisir« und das »M.L.A.C.«; die Bewegung weitete sich aus. Du gehörtest dazu. Die Mitstreiterinnen der M.L.A.C. führten Abtreibungen im Beisein bestimmter Journalistinnen durch, um die Brauchbarkeit der Methode zu beweisen, die sie von dem Amerikaner Karman übernommen hatten. Einmal warst du auch dabei, und dann hast du deinen Chefredakteur überredet, auf der letzten Seite der Zeitung etwas darüber zu bringen.

Der Umgang mit den anderen Mitgliedern der M.L.A.C., zumeist uneigennützigen, politisierten und sympathischen Personen, hat dir zu denken gegeben. Immer unerträglicher wurden dir dabei die Schwierigkeiten, die du gleichzeitig immer häufiger bekamst, deine Artikel bei dieser Wochenzeitung durchzubringen, die sich hauptsächlich mit Filmklatsch, Pferderennen, Freßlokalen und harmlosen Reportagen abgibt und der Politik egal welcher Regierung bedingungslos zujubelt.

In der Redaktion warst du von typischen Pariser Journalisten umgeben: eine sympathische Mischung aus Zynismus, Feigheit und der begründeten Sorge um das tägliche Beefsteak, manchmal sogar mit einem Schuß Talent, aber das war nicht unentbehrlich.

Gelangweilt hast du dich nicht. Bei einer großen Zeitung ist immer was los. All das Gerede, die Bettgeschichten, Mauscheleien, Skandale und frechen Sprüche! Aber deine Zeit dort war verschwendet. Mit meiner Hilfe bist du dir darüber klargeworden, und nachdem unsere Tochter geboren war, habe ich dich gedrängt, dort zu kündigen. In den folgenden Jahren hast du mir deswegen oft Vorwürfe gemacht. Heute, glaube ich, bist du froh über diese mutige Entscheidung.

Worunter du am meisten gelitten hast, wie ich von dir weiß, war das Gefühl, von einem Tag auf den andern plötzlich von der Welt abgeschnitten zu sein. Das Telefon klingelte nur noch für mich. Dein Terminkalender war leer. Post kam nur noch selten. Dein Bankkonto leerte sich. Du warst nur noch »Madame Wolinski«.

Du bist zwischen zwei Orangenbäumen im Jardin du Luxembourg gesessen und bist dir schlecht vorgekommen, weil das Frau- und Mutterspielen am heimischen Herd dich anödete. Du hattest den Eindruck, deine Zeit unnütz zu vertun. Einmal mehr warst du böse auf mich.

Für uns beide war diese Zeit nicht ganz leicht. Aber nach und nach hast du dir ein neues Leben aufgebaut, und die eigenen Schwierigkeiten gaben dir Anlaß, dir über die Lage der Frauen Gedanken zu machen.

Dann hast du angefangen, Artikel für *Choisir* zu schreiben, die Zeitschrift der gleichnamigen Frauenbewegung. Und weil du ja Zeit hattest, hast du für ein Jahr die Redaktion übernommen. Das war die Zeit, in der du dich verändert und vor allem die Frauen entdeckt hast.

Was mir an der Frauenbewegung eigentlich

wichtiger erscheint als alle ihre Kämpfe und Forderungen ist die Entdeckung der Freundschaft. Zwischen Männern ist Freundschaft etwas Normales. Man hat seine Kameraden in der Schule, bei der Armee und im Büro. Die Frauen wußten gar nicht, daß sie sehr lustige Freundinnen haben können, mit denen man ein Freßgelage veranstalten oder sich seine letzten Abenteuer erzählen kann.

Als ich dich kennenlernte, hast du dich nur unter Männern wohlgefühlt, hast ihre Scherze und unterschwelligen Wünsche genossen. Heute dagegen gibst du dich fast nur noch mit Frauen ab, du interviewst nur noch Frauen, interessierst dich nur noch für Frauen. Auf der Straße siehst du nur noch Frauen. Du bist selig und oft ganz hingerissen, wenn du eine von diesen Karrierefrauen kennenlernst, die im sozialen Betrieb mehr und mehr eine Rolle spielen. Mit Recht hast du dieses berauschende Gefühl, in einer Zeit zu leben, in der für deine Geschlechtsgenossinnen die Dinge ins Rollen kommen und in der deine Tätigkeit für etwas gut ist.

Jedes bißchen Erfolg bei einer Frau macht dich stolz und bestärkt dich in der Meinung, daß die Welt anders aussähe, wenn die Männer ihre Gefährtinnen nicht auf die Rolle der Gebärerin eingeschränkt hätten.

Ich selbst bin nicht so sicher, daß die Frauen, wenn sie das Sagen hätten, weniger Dummheiten machen würden als die Männer. Wenn es so scheint, als wären sie weniger eitel und oberflächlich als wir, weniger anfällig für Würden und Ehrungen, so kommt das vielleicht daher, daß wir sie immer nur als Vorzeige-Objekte behandelt haben. Dabei konnten sie Abstand gewinnen. Für mein Teil habe ich nie bezweifelt, daß die Frauen den Männern gleichwertig sind – gleichwertig im Hinblick nicht nur auf die Vorzüge, sondern auch auf die Fehler. Ich glaube, daß sie genauso idiotisch sein können wie wir, genauso ehrgeizig, machtgeil und größenwahnsinnig. Nichtsdestoweniger wäre es gerecht, daß sie zu gleichen Teilen die Verantwortung für unsere sozialen, politischen, wissenschaftlichen, ökonomischen, akademischen und – warum nicht? – militärischen Angelegenheiten übernehmen.

Warum sollen immer nur finstere alte Männer an den Sitzungen der Staatschefs teilnehmen, welche die Welt regieren? Die finsteren alten Frauen sollen auch ihren Spaß haben.

Auch wenn ich Pessimist bin, ich helfe dir doch, ich verstehe dich, ich trage in bescheidenem Maß zu deiner Sache bei, was mir möglich ist – allerdings mit dem Bedauern darüber, daß für mich das

Leben dadurch nicht einfacher wird. Ich weiß, daß du mir deshalb nicht gleich böse bist, aber ich bin nun mal ein Phallokrat. Trotzdem, ich gebe mir Mühe.

Frau meiner Träume

Und trotzdem. Trotzdem, ich weiß nicht, ich kann nicht mehr allein leben, allein verreisen, allein ins Restaurant gehen, allein schlafen und allein den Sonnenuntergang betrachten. Ich muß dich in der Nähe haben, mit deinen vierundvierzig Kilo warmem Fleisch unter seidigen Stoffen, mit deinem direkten Blick, deiner Bestimmtheit, deiner Humorlosigkeit und deinem perlenden Lachen. Ich bin gern in deinem Schlafzimmer, ich rasiere mich gern in deinem Badezimmer, mitten in dem Arsenal deiner Kosmetika für Augen, Füße, Hände, Haare, Nägel und die empfindliche Haut.

Seit zehn Jahren haben wir uns so gut wie nie mehr getrennt, und ich glaube nicht, daß wir öfter als dreimal nachts nicht im selben Bett geschlafen haben. Wir sind ein Muster derjenigen menschlichen Verbindungsform, die ich für das kleinstmögliche Übel halte: ein Paar.

Gerührt betrachte ich ein winziges Höschen, das zum Trocknen auf der Heizung liegt.

Ein Paar! Eine Frau ganz für mich allein, eine, die

mir das Bett wärmt und mir ein schlechtes Gewissen macht, wenn ich zuviel trinke oder Kraftausdrücke gebrauche. Was für ein Glück!

Wie ich von dir geträumt habe, als ich jung war! Was ich mir für ein Bild von dir gemacht habe! Süß warst du, ängstlich, in meine starken Arme geschmiegt ...

Wie oft hab ich dich nicht aus den Klauen der Korsaren gerettet, aus den Händen der Gangster, aus dem Kochtopf der Kannibalen, vor den brutalen Gelüsten der betrunkenen Matrosen, dich aus den Niagara-Fällen gezogen und die Böschung hinaufgetragen, und die Kleider klebten dir am Körper, und dein Körper klebte an meinem ...

Das Szenarium meiner abendlichen Träumereien hing davon ab, welchen Film ich zuletzt gesehen oder welches Buch ich gerade gelesen hatte. Jede Nacht schlief ich im Gedanken an dich ein, das Glied in der Hand. Aber so steif das Glied auch war, so weich und sanft waren meine Gedanken. Ich schämte mich ein wenig für die Regungen meines Körpers. Ich dürstete vor allem nach Zärtlichkeit, Einverständnis und Gestreicheltwerden. Zu begreifen, was Sexualität sein konnte, fiel mir schwer, denn meine wildesten Begierden reichten nie bis unter den Gürtel. Ich dachte, im Leben ginge es zu wie im Kino: Wenn man eine Frau liebte, küßte man sie auf den Mund, räumte dabei seine Zunge taktvoll beiseite, denn man konnte die Geliebte ja nicht mit seinem Speichel belästigen, und dann drückte man sie krampfhaft an sich und wartete auf das Ende des Films.

Die Kindheit eines Phallokraten

Wenn du meine Reaktionen und schließlich auch meinen Ärger über die Veränderungen verstehen willst, die der Feminismus an dir bewirkt hat, mußt du mir gestatten, daß ich mich ein wenig in meine Vergangenheit zurückversetze.

Ich bin in einer Stadt voller Lärm, Sonne und Gerüche geboren: in Tunis. Ein riesengroßer staubiger Marktflecken, durchquert von einer bimmelnden Straßenbahn. Ich wohnte im Europäerviertel, wo es nicht anders aussah als in irgendeiner Stadt in Südfrankreich. Der arabische Teil war eine andere Welt, mir vollkommen fremd und verschlossen. Mein Vater starb sehr früh, meine Mutter wurde krank und mußte zur Behandlung nach Frankreich; meine ältere Schwester und ich blieben bei den Großeltern zurück. Als der Krieg ausbrach, verschärfte sich die Trennung, und wir hörten mehrere Jahre lang nichts von unserer Mutter.

Mein Großvater hatte eine Konditorei und war berühmt für seine Schokolade. Ich entsinne mich einer ruhigen und glücklichen Zeit in einer sehr dunklen Wohnung im Erdgeschoß eines Hauses in der Rue de Marseille. Die Möbel waren aus massivem Holz; das Eßzimmer im Stil Louis XVIII war zugleich mein Kinderzimmer, und ich schlief auf einem Sofa in der Ecke. Meine Schularbeiten machte ich an dem großen Eßtisch, und zu den Mahlzeiten mußte ich meine Sachen wegräumen. Ich war ein sehr braver Junge. Ich zeichnete und las eine Menge und träumte ungeheuer viel. Meine Streiche und Abenteuer sind Familienlegende geworden. »David«, so hieß mein Großvater, und »Allégrina«, meine Großmutter, hielten sehr fest zusammen. In diesen nordafrikanischen Milieus wußte damals noch jeder, wie wichtig die Familie war.

Meine Großmutter war die Mitte des Clans. Sie wurde von allen respektiert und war die Hüterin der Geheimnisse: der Familiengeheimnisse, der Kochrezepte, die sie ihren Töchtern weitergab, und der Heilkünste. Der Arzt kam nur sehr selten ins Haus; alle nicht gar zu schweren Krankheiten behandelte meine Großmutter selbst. Mit einem mehr oder weniger sadistischen Vergnügen verordnete sie uns Aspirin, Kräutertees, Waschungen, pinselte uns mit Methylenblau den Rachen aus, steckte uns bei Verstopfungen Seifenzäpfchen in den Po oder flößte uns ein ganzes Glas voll Rizinusöl ein, unmittelbar gefolgt von einem stark gesüßten Kaffee, der angeblich den schlechten Geschmack vertreiben sollte. (Jahrelang konnte ich keinen Kaffee trinken, ohne an das ekelhafte Rizinusöl erinnert zu werden.) Um so liebevoller bekochte sie uns dann während der Genesungszeit mit Bouillon, Pastetchen und köstlichen Pürees.

Damals mußte eine Frau alles können: Nähen, Stricken, Bügeln usw. Für die groben Arbeiten hatten selbst die ärmeren Leute eine italienische oder arabische Hausgehilfin. Daß eine Frau »aus gutem Hause« einen Beruf hatte, war sehr selten. Das war etwas für die »Französinnen aus Frankreich«, die als Krankenschwestern arbeiteten oder als Sekretärinnen in der Verwaltung.

Die Männer verwöhnten ihre Frauen gern oder behängten sie mit Schmuck, wenn sie reich waren. Ganz anders als bei den französischen Kleinbürgern war ein gewisser sehr mediterraner Hang zur Protzerei die Regel. Man zeigte gern, was man hatte und sich leisten konnte, und man kleidete sich elegant. Trotzdem lebten wir nicht gerade luxuriös.

Diese kleine Welt war, wie es mir heute erscheint, ziemlich prüde. Kraftausdrücke gebrauchten wir nie, nicht mal »Scheiße«. Niemals wurde vor Kindern über geschlechtliche Dinge gesprochen, auch nicht im Scherz. Die Frauen waren meistens zu Hause; die Männer hatten ihre Arbeit, gingen ins

Café, spielten Karten und mimten die Lebemänner. Im Sommer traf sich alles am Strand. Das Leben schien einfach zu sein.

Ich hatte mehrere Onkel, alle nett, lebhaft und nicht auf den Kopf gefallen. Ich mochte sie sehr, und sie behandelten mich freundschaftlich. Sie hatten meist hübsche Frauen, mit hinreißenden Schwägerinnen, die wiederum mit dicken, olivbraunen und etwas trübsinnigen Männern, zumeist Händlern, verheiratet waren. Ich glaube nicht, daß sie fremdgingen, denn jeder hatte ein Auge auf jeden. Und auf untreue Ehefrauen hätte man in diesem vom Islam geprägten Land mit dem Finger gezeigt. Aber die Frauen waren gereizt, weinerlich, stöhnten viel, waren immer am Rand einer Nervenkrise und ziemlich oberflächlich, die armen Häschen.

Ich war zehn. Ich wußte schon, wie man sich anstellen muß, um eine Frau aus dem günstigsten Blickwinkel zu Gesicht zu bekommen; ich hatte Sinn für einen feingeschwungenen Nacken und für schöne weiße Zähne; und ich riskierte auch schon mal einen Blick in den Ausschnitt einer Bluse.

Jeden Freitag traf man sich bei dem einen oder anderen, meistens aber bei meinen Großeltern.

Meine Großmutter kochte den ganzen Tag auf dem alten Herd in einer ziemlich schmuddligen Küche, wo nachts, wenn ich ein Glas Wasser trank,

Scharen von Kakerlaken zwischen den kaputten Fliesen hervorkamen.

Um vier Uhr nachmittags zog sich meine Großmutter ein geblümtes Kleid über ihr rosa Korsett, setzte ihren unglaublichen Hut auf, den eine Modistin ihr jedes Jahr umarbeitete, ein seltsames Gebilde aus Stroh, Tüll und Vogelfedern, stieg in ihre hohen Stöckelschuhe – sie war klein und dick – und ging eine Zigarette rauchen, die in einer schnörkeligen Silberspitze steckte. Ich habe nie erlebt, daß sie im Laden verkaufen half, die Kasse führte oder sich irgendwie im Geschäft nützlich machte. Das war nicht ihr Fach, sie kümmerte sich um die Familie. Der Laden war Sache meines Großvaters. Er verbrachte dort den ganzen Tag und empfing seine Kunden mit großer Höflichkeit.

Auch ihn habe ich niemals bedienen oder kassieren sehen. Dafür hatte er seine Verkäuferinnen und Kassiererinnen, einige Italienerinnen, die schon seit Jahren zum Hause gehörten.

Die religiösen Feiertage waren Anlaß zu Familienfesten mit üppigen Mahlzeiten. Das christliche Weihnachts- und das jüdische Passahfest wurden unbefangen auf dieselbe Weise gefeiert. Zum Passahfest kam jedes Jahr ein Berberhirte aus dem Süden, der ein Lamm und Körbe voll Orangen brachte. Er war ein arabischer Freund meines

Großvaters und versäumte es nie, dieses Geschenk zu überbringen. Das arme Tier wurde geschlachtet, und dann aßen wir zwei Tage lang Koteletts und köstliche Würstchen.

Wir waren eine fröhliche Familie, auch wenn wir von manchen Schlägen getroffen wurden, die wie ein Unwetter ihre Verwüstungen hinterließen: so der Tod meines Vaters, der 1936 von einem Arbeiter des kleinen Schmiedeeisen-Betriebs, den er mit Hilfe meines Großvaters aufgebaut hatte, mit Revolverschüssen umgebracht wurde. Jahrelang habe ich von meiner Großmutter immer wieder hören müssen: Wenn ich dran denke, daß dein Vater von den Kommunisten getötet worden ist, und dein Onkel... Sie führte den Satz nicht zu Ende, so sehr schämte sie sich, daß Victor, ihr Ältester, Mitglied der italienischen kommunistischen Partei von Tunis war, deren Sache er übrigens höchst aristokratisch im resedagrünen Gabardine-Anzug verfocht. Lange Zeit war er mit der Familie zerstritten.

Seine Heirat mit Gilda, einer hübschen katholischen Italienerin, machte die Sache nicht besser. Gilda war eine ehemalige Verkäuferin, und die Nonna fand Victors Ehe nicht standesgemäß.

Der Krieg machte dem prekären Gleichgewicht dieser kleinen Gesellschaft für immer ein Ende: er brachte die Anfänge der Dekolonisierung und versprengte die Familie; Onkel Victor kam ins Konzentrationslager, und mein jüngerer Onkel Lucien fand den Tod, als er trotz seiner italienischen Nationalität unter französischer Flagge diente. Damit änderte sich alles.

Unsere Kinder werden nicht mehr wissen, wie die Europäer damals in Nordafrika lebten. Diese Welt ist versunken wie Atlantis und ersteht nicht wieder. Es war ein leichtes Leben für diejenigen, die ein bißchen Besitz hatten, ein sehr schweres für die anderen, die nichts hatten. Es war eine Welt voller Vorurteile, Engstirnigkeiten und rassistischem Schwachsinn, aber wir hatten unseren Spaß.

Die italienischen Juden verheirateten ihre Kinder nicht mit den tunesischen Juden. Nur Mädchen ohne Mitgift mußten die Schande einer solchen Heirat manchmal auf sich nehmen. Was die Araber anging, so war schon die Vorstellung, man könnte einen von ihnen zu seinen Verwandten zählen, eine Ungeheuerlichkeit. Die französischen Verwaltungsbeamten lebten in einer Welt für sich; Sizilianer, Malteser oder Korsen bildeten jeweils streng geschlossene Kreise.

Arabische Freunde habe ich als Kind nie gehabt; ich war wie durch eine Barriere von ihnen getrennt. Mein Großvater jedoch, der wegen seiner Güte und seines Humors allgemein beliebt war, empfing in der Konditorei oft auch arabische Kunden. Ich hatte sie gern. Sie umarmten mich, drückten mich an ihre rauhen Wangen und sahen mich an, während sie sich mit meinem Großvater Späßchen erzählten. Stundenlang saßen sie bei uns und tranken ihren Kaffee. Ihre Ganduras waren makellos weiß und rochen angenehm nach Wolle. Ich verstand nichts von ihren langen, oft vom Schweigen unterbrochenen Gesprächen mit meinem Großvater. Ich konnte kein Arabisch, es war im Gymnasium von Tunis kein Pflichtfach. Dies allein zeigt schon, mit welcher Verachtung die französischen Behörden das Kolonialvolk behandelten, das sie regierten.

Bei uns zu Hause sprachen wir französisch, manchmal auch italienisch. Meine Großeltern sprachen miteinander arabisch, wenn sie nicht wollten, daß meine Schwester und ich sie verstanden. Oder wenn sie sich zankten. Arabisch eignet sich hervorragend zum Zanken.

Die arabischen Frauen gingen alle streng verschleiert. Weil ich noch kein richtiger Mann war, achteten sie nicht auf mich, wenn sie den Schleier hoben, um bei uns ein Stück Kuchen zu verzehren. Oft waren sie sehr schön, mit schneeweißer Haut und wundervollen Augen.

Mein Großvater war in mich vernarrt. Er nahm mich gern in die Arme und erzählte mir Geschichten von Jha (sprich: *Chraa*). Jeder Mensch in Tunis kennt Jha, so wie man bei uns Till Eulenspiegel kennt. Hier ist ein Beispiel: »Eines Tages beschließt Jha mit seinem Freund, im Garten des Beys Obst zu stehlen. Sie werden von den Wächtern erwischt und dem erzürnten Bey vorgeführt. Er läßt Jhas Beutel aufmachen, der voller Datteln ist, und verkündet: ›Zur Strafe, Jha, werden wir dir alle diese Datteln in den Allerwertesten stecken.‹ Gesagt, getan. Aber je mehr Datteln sie Jha in den besagten Teil stecken, desto lauter muß er lachen. Der Bey läßt die Prozedur unterbrechen und fragt: ›Wie kommt es, Jha, daß du lachst, obwohl sie dir kiloweise Datteln in den Allerwertesten stecken?‹« An dieser Stelle mußte mein Großvater immer so lachen, daß er kaum zu Ende erzählen konnte, und wir, die wir die Geschichte auswendig kannten, überschrien ihn und setzten sie an seiner Stelle fort: »›Herr‹, sagte Jha mit Tränen in den Augen, ›ich muß lachen, weil ich dran denke, wie es meinem Freund ergehen wird, wenn ihr seinen Beutel aufmacht, denn der ist voller Melonen.‹«

Das Geschlecht war zwar tabu, aber der »Allerwerteste« war für Späße ein unerschöpfliches Thema. Ein solches waren auch die Mißverständnisse zwischen Franzosen und Italienern. Zum Beispiel die Geschichte von dem Franzosen, der in ein italienisches Restaurant kommt und, weil er die Speisekarte nicht lesen kann, dem Kellner auf die Frage, was er essen möchte, antwortet: *C'est égal*. Verdutzt geht der Kellner zum Küchenchef und sagt ihm: Da ist ein Gast, der will sieben Hähne essen *(sette galli)*. Nun hat der Koch natürlich keine sieben Hähne vorrätig, sondern nur sechs, was ja auch schon nicht wenig ist, und darum sagt er: Pech für ihn, nimm halt einfach ein Huhn dazu. Der Kellner stellt dem Franzosen den Geflügelberg auf den Tisch, und der Franzose ergreift voll Entsetzen die Flucht. Sehn Sie, Chef, sagt der Kellner, er hat's gleich gemerkt, daß ein Huhn darunter ist *(l'ha visto che c'era una gallina)*.

Die Amerikaner
Tea for two (and two for tea...)

1942, als die Amerikaner in Tunis einmarschierten, wimmelte es in der Stadt von betrunkenen Cowboys, die auf den Trottoirs herumtorkelten. Sie hatten die Wüste durchquert und brachten einen mächtigen Durst mit. Die Militärpolizei verdrosch sie nach Kräften, aber das hinderte sie nicht, sich bis zur Besinnungslosigkeit mit dem fürchterlichen trockenen Rosé aus den Weinbergen von Karthago vollaufen zu lassen. Schließlich fielen sie irgendwo um und lagen in der eigenen Kotze. Solche Ausschweifungen hatte ich noch nicht erlebt. Wie die meisten Familien in Tunis tranken wir bei Tisch nur Wasser und höchstens an den Feiertagen vielleicht mal ein Schlückchen Muskateller aus kleinen Gläsern, die ich nachher heimlich ausleckte.

Ich weiß noch, wie ich eines Tages hinter dem Fenster meines Zimmers hinausspähte und einen volltrunkenen G.I. beobachtete. Er schwankte ein paar Sekunden lang, dann brach er direkt vor meinem Fenster zusammen. Wie tot lag er da auf dem Rücken. Mit Entsetzen sah ich, daß sein Hosenschlitz offenstand und der rosa Zipfel seines Gliedes herauslugte. Unerhört, ich schämte mich für ihn! Und das erst recht, als ich eine Araberin in ihren weißen Gewändern daherkommen sah, das Gesicht unter dem schwarzen Schleier verborgen, der nur die Augen freiließ. Sie zögerte, bevor sie über den Mann, der ihr den Weg versperrte, hinwegtrat, bückte sich und – ein unvorstellbarer Anblick – ließ mit einem hilfsbereiten Finger das kleine Stückchen Fleisch in der Hose verschwinden, machte den Schlitz zu und entfernte sich diskret.

Sehr bald konnte ich ein wenig amerikanisch radebrechen. Im Lycée Carnot, gegenüber der Konditorei meines Großvaters, war der Generalstab einquartiert, und die Befehlswagen der Offiziere warteten in einer langen Reihe am Rand des Gehsteigs. Ich freundete mich mit den Chauffeuren an. Ich stieg zu ihnen in den Wagen, und sie gaben mir kleine, runde Fruchtbonbons und liehen mir ihre Zeitungen. Von den Texten verstand ich kaum etwas, aber von den Zeichnungen war ich fasziniert. An die französischen Comics war ich schon gewöhnt. Bei uns gab es diese Bildstreifen damals nur für Kinder. Die amerikanischen Zeichner dagegen kümmerten sich nicht um das Alter ihres Publikums. Es war Krieg, und Millionen von Männern langweilten sich in ihren Regimentern, wenn sie sich nicht gerade totschießen ließen. Ihnen zuliebe hatten die »Comic Strips« mehr Sex aufgenommen, als die Hüter der Moral zu normalen Zeiten erlaubt hätten.

Die Sitten haben sich seither geändert, und über vieles, das zu jener Zeit als gewagt galt, würden wir heute nur lächeln. Die Zeichnungen waren alles andere als pornographisch, aber bei einem gewissen Talent in der Ausführung konnten sie eine ungeheure Suggestivkraft gewinnen. »Terry und die Piraten« von Milton Caniff war meine Lieblingsgeschichte, die in der farbigen Sonntagsbeilage irgendeiner Zeitung erschien.

Ich war erst neun Jahre alt, aber wenn ich die Frauen ansah, die der Zeichenfeder von Milton Caniff entsprangen, kam ich ins Träumen: unerbittliche Eurasierinnen, deren vorspringende Backenknochen mit einem kleinen schwarzen Federstrich so exakt gesetzt waren, daß es an Magie grenzte. Geschminkte Münder, lange Zigarettenspitzen, enganliegende grellfarbige Kleider, seitlich geschlitzt, mit zwei exakten schwarzen Strichen, die die Brüste hervorspringen ließen wie zwei Granaten. Die Frau hatte nur einen verächtlichen Blick für den blonden Flieger, den die bestialischen und bis an die Zähne bewaffneten Asiaten gefesselt hatten; trotzdem sah man gleich, daß sie ihn liebte, und im letzten Moment rettete sie ihm das Leben, wobei sie selber den Tod fand, während er sich mit der schönen blonden Krankenschwester in dem zerrissenen Kittel aus dem Staub machte. Milton Caniff zeichnete auch – für *Yank* oder für *Stars and Stripes* – eine Geschichte mit dem Titel »Miss Lace«, die ausschließlich für Soldaten bestimmt war. Ein paar Seiten davon, die ich wieder auftreiben konnte, habe ich dreißig Jahre später in meiner Zeitschrift *Charlie mensuel* nachgedruckt. Miss Lace ist ein kleines philippinisches Püppchen. Am Boden kniend würfelt sie mit den amerikanischen Soldaten, und die lassen sie gewinnen, weil sie ihr dabei in den Ausschnitt blicken können. Sie wetteifern um die Gunst, sie im Jeep spazierenfahren zu dürfen wie eine Königin in einer Staatskarosse. Sie erzählen ihr von ihren Bräuten in der fernen Heimat und machen ihr mit altmodischer Galanterie den Hof. Sie bewirten sie mit Champagner und schenken ihr Dollars, die sie sich ins Strumpfband steckt. Niemals aber rühren sie das Mädchen an. Milton Caniff muß an die Frauen und Verlobten der Soldaten, die in den USA zurückgeblieben waren, gedacht haben, die ja möglicherweise diese Zeichnungen auch zu sehen bekamen. Sie durften nicht denken, daß ihre Männer sich in der Fremde mit farbigen Flittchen amüsierten, die noch dazu so puppenhaft hübsch waren. Insofern ist Miss Lace ein Meisterstück der Heuchelei. Es ist Prostitution, gereinigt und verniedlicht von den Disney-Studios. Damals sah ich die Geschichte mit Kinderaugen an, die aber vielleicht von den Augen des großen blonden Burschen, der neben mir seinen Kaugummi kaute, nicht allzu verschieden waren. Ich fand Miss Lace einfach hinreißend, und weiter machte ich mir keine Gedanken.

Andere Kinder in meinem Alter bettelten die Amerikaner um »chocolate« und »chewing-gum« an, doch dazu war ich zu stolz. Immerhin war ich pfiffig genug, statt dessen um »comix« zu bitten, von denen sie immer genug übrig hatten. Erstaunt gaben sie mir ihre alten *Bugs Bunny*-Hefte, und ich bekam auch noch Schokolade und Chewing-gum, die ich mit ernster Miene annahm.

Die Amerikaner, aber ebenso auch Engländer, Schotten und Kanadier kamen in unsere Konditorei, die ihnen mehr oder weniger als Bar diente. Mein Großvater wollte einmal einem Hünen, den er für zu betrunken hielt, keinen Kognak ausschenken. Ohne ein Wort ging der Mann durch die ungeöffnete Glastür hinaus und hinterließ einen Haufen blutiger Scherben.

Wir liebten sie alle, was sag ich, wir schwärmten für diese Amerikaner mit den hübschen, gesunden

Visagen und den gutsitzenden Uniformen, wie sie nur die Soldaten aus einem reichen Land tragen können. Manchmal brachte ich ein paar von ihnen mit zu uns nach Hause, und meine Großeltern schalten mich zwar, aber nicht sehr, denn sie waren stolz, so weitgereiste Männer bei sich zu Tisch zu haben. Viel hatten wir zwar nicht zu bieten, aber nach all den Wochen mit Bohnen und Corned beef genügten schon ein paar Spiegeleier, um sie glücklich zu machen. Meine Schwester Hella war dreizehn und hatte schon einen ansehnlichen Busen. Aber nie hat sich einer dieser Männer auch nur die kleinste Ungehörigkeit herausgenommen.

Amerika war für uns eine Art Paradies voller sympathischer, herzlicher Leute, die in großen Autos herumfuhren. Es war das Land des Jazz, der Wolkenkratzer und der Filmstars. Vom amerikanischen Film waren wir wie berauscht. Die Filmrollen müssen die G.I.s in ihren Bagagewagen mitgebracht haben, denn in meiner Erinnerung verschwimmen die ersten amerikanischen Filme mit der Anwesenheit der US-Truppen in Tunis.

Wir gingen zweimal die Woche ins Kino, manchmal auch dreimal, wenn es mir gelang, dem Großvater das Eintrittsgeld abzuluchsen, was bei ihm leichter war als bei der Nonna. Meine Schwester zog Liebesfilme vor, ich Western oder Krimis.

Musicals mochten wir beide. Es war die Zeit von Deana Durbin, Ginger Rogers, Judy Garland und Mickey Rooney. In diesen Filmen wurde unheimlich geflirtet. Die Mädchen gaben erschrockenen jungen Männern wuchtige Küsse auf den Mund, worauf diese wie benommen herumtaumelten und verzückt die Augen rollten.

Diese keuschen, schamhaften Filme entsprachen unseren eigenen, unverdorbenen Sitten vollkommen. Die Marmorschenkel von Esther Williams oder Sonia Henie und das schneeweiße Décolleté von Olivia de Havilland gaben unseren Gymnasiastenträumen Nahrung genug. Nichts von allem, was mich umgab, befriedigte meine legitime Neugier und begegnete meiner erwachenden Unruhe mit klaren Auskünften. Abgesehen von einigen Büchern...

Sexualerziehung: die Bücher

Ich hatte das Glück, in einer Familie aufzuwachsen, in der es Bücher gab, und zwar gute.

Wie viele Nachmittage habe ich nicht damit verbracht, Jules Verne und Paul d'Ivoi zu verschlingen, wie oft habe ich nicht die Bücher von James Oliver Curwood, Jack London, Edgar Allan Poe, James Fenimore Cooper wieder und immer wieder gelesen?

»Geh lieber raus, du verdirbst dir noch die Augen!« sagte die Nonna besorgt, wenn ich stundenlang bäuchlings auf dem Sofa lag, das Buch vor mir auf dem Parkettboden.

Die angelsächsische Literatur hat auf meine Generation großen Einfluß gehabt. Ein Kind, das mit zwölf über die Geschichten von Mark Twain Tränen gelacht hat, das die *Drei Männer in einem Boot* von Jerome K. Jerome und die Erzählungen von Kipling kennt, wird ans Leben anders herangehen als eines, das sich hauptsächlich damit beschäftigt hat, einem Ball Fußtritte zu geben. All diese Bücher, die ich kreuz und quer durcheinander gelesen habe, haben aus mir den gemacht, der ich heute bin.

Es war Krieg, und der Handel mit Frankreich war stark behindert. In den Buchhandlungen waren Kinderbücher Mangelware, darum blieb mir nicht viel anderes als die Bücher für Erwachsene. Gleich über meinem Bett stand eine Sammlung in braunen Pappeinbänden und mit gelblichem Papier. Seufzend griff ich mir auf gut Glück das eine oder andere heraus. Ich blätterte und las ein paar Seiten weit. Wenn ich es nicht zu langweilig fand, las ich weiter.

Ich erinnere mich an ein Buch, das mir Eindruck gemacht hat: *Das Feuer* von Henri Barbusse. Natürlich habe ich nicht alles verstanden, aber ich las auch die *Schöne neue Welt* von Aldous Huxley und eine Menge Klassiker. *Lorenzaccio* von Musset gefiel mir, ebenso *Ruy Blas* und die *Weltlegende* von Victor Hugo. Unsere Bücher zirkulierten bei den Jungen in meinem Alter und bildeten somit einen gemeinsamen Grundstock. Einer meiner Cousins besaß einen Schatz, um den er viel beneidet wurde: sämtliche dicken roten Bücher von Paul d'Ivoi.

Die Alben von *Micky*, *Robinson* und *Fillette* wurden immer von neuem gelesen. Ich kannte die Geschichten und Zeichnungen auswendig.

Mit zwölf hatte ich trotz aller Vorsichtsmaßnahmen meiner Großmutter einen Trick entdeckt, mit dem ich den Schrank öffnen konnte, in den sie die Bücher eingeschlossen hatte, die Onkel Lucien nach seinem ruhmreichen Ende beim Angriff auf die Festung Coudon hinterlassen hatte. Seine Orden hingen auf roten Samt geheftet an der Wand, daneben ein Öllämpchen zu seinem Angedenken. Das Lämpchen ist nie erloschen, solange die Nonna lebte.

Leider habe ich diesen Onkel nicht besser gekannt, aber ich erinnere mich noch an seine spöttischen Augen hinter der Brille. Aus seinen Büchern habe ich viel gelernt; sie enthielten eher erotische Andeutungen als echte Pornographie. Ich hockte auf dem Boden und überflog sie im Schnellverfahren, wenn meine Großmutter zur Konditorei gegangen war.

Diese Texte, die dazu bestimmt waren, die Phantasie von aufgeklärten Erwachsenen anzuregen, hatten auf einen kleinen Jungen wie mich eine zutiefst verblüffende Wirkung. Wie soll man denn begreifen, was es mit dem Geschlechtsakt auf sich hat, wenn man ihn so wie in der folgenden Stelle von Boccaccios *Decamerone* beschrieben findet: »... Nach diesen ersten Küssen gingen sie zusammen zu Bett, schenkten einander die ganze Nacht lang Glück und Seligkeit und ließen die Nachtigall viele Male singen...« Oder, obwohl schon wesentlich deutlicher, in *L'Amant de Lady Chatterley*: »Er nahm Constances schöne, schwere Brüste, eine in jede Hand, und drückte sie heftig an sich. Bewegungslos und erschauernd stand er im Regen. Dann hob er sie plötzlich hoch und warf sich mit ihr auf den Weg, und in der prasselnden Stille des Regens nahm er sie grob und schnell wie ein Tier.«

Auch die Kurtisanengespräche des Aretino, eines unzüchtigen Schriftstellers aus dem 16. Jahrhundert, las ich diagonal, wobei mir die Illustrationen besser gefielen als der anspielungsreiche Text. Ich wurde und wurde nicht müde, die Zeichnungen zu betrachten, auf denen schöne Frauen taten, als würden sie schlafen, während Herren in hautengen Beinkleidern die Bettlaken anhoben, um die samtweichen Aprikosenärsche darunter zu betrachten.

Bald hatte ich Casanovas Memoiren gelesen, *Tausendundeine Nacht* und das *Satyricon* und wußte noch immer nicht, was Liebe nun eigentlich ist. Ich verstand, daß es Lust bereiten mußte, sich mit nacktem Körper an den ebenfalls nackten Körper einer Frau zu schmiegen, aber vom Geschlechtsakt selbst hatte ich noch keine Ahnung, und wenn ich mein Glied anfaßte, geschah das völlig unschuldig, ohne daß ich wußte, welcher Mechanismus es in eine Liebesmaschine verwandeln konnte. Ich weiß noch, wie mir um diese Zeit einmal einer meiner Freunde, als wir auf dem Weg zur Schule über die Rue de Paris gingen, die folgende Frage stellte: »Was ist deiner Meinung nach Sperma, eine Flüssigkeit oder ein Pulver?« Ich antwortete: »Ein Pulver.« Die anderen Jungen lachten sich halbtot, und ich war tief gekränkt.

Was mich in den Büchern am meisten störte, war die Vorstellung, daß die Helden sich nackt auszogen. Das Schamgefühl war tief in unserer Erziehung verankert. Die Schamhaftigkeit und die Verbote des Islams färbten auf uns ab. Die Mädchen mußten immer darauf bedacht sein, nicht »provozierend« zu wirken, »wegen der Araber«.

Als ich nun in Casanovas Abenteuern an die Stelle kam, wo er mit päpstlichem Ernst den Guru spielte und alle Mitglieder einer Familie sich entkleiden ließ, Mutter, Tochter und Dienstmädchen natürlich inbegriffen, sie dann feierlich einseift, um sie von ihren Sünden reinzuwaschen, und sie schließlich auffordert, ihm denselben Dienst zu erweisen, da blieb mir das Schlüpfrige der Situation keineswegs verborgen. Aber weiter kam ich dadurch nicht. Geilheit und Erotik hatte ich zwar entdeckt, aber mit der Sexualität sollte ich erst viel später Bekanntschaft machen. Jedenfalls war ich ein bißchen enttäuscht, denn ich wußte nicht, daß man auch traurig sein kann, wenn man sich liebt.

Sidi Abdel Aguèche

Oft ging ich im Sperrbezirk von Sidi Abdel Aguèche spazieren. Er bestand aus ein paar Gäßchen am Rande der Souks, nahe beim Judenviertel, der Hara. Vielleicht sollte ich statt von Gäßchen eher von Korridoren sprechen, auf die sich einzelne Zimmer öffneten.

Die Mädchen saßen in der Tür und warteten auf Freier. Nur die ärmsten Kreaturen wurden dorthin verschlagen, für die man in den Bordellen keine Verwendung mehr hatte.

Alte, dicke Italienerinnen, mürrische Französinnen mit gebleichtem Haar, Maurinnen mit dem aus der Handfläche auf die Stirn gedrückten Kajal-Zeichen; beim Lächeln blitzten die Goldzähne. Das waren noch die Jüngsten und am wenigsten Häßlichen. Eine schnatternde Herde, die meisten halbnackt unter ihren nachlässig zugebundenen Morgenröcken.

Sobald sie einen Freier hatten, knallten sie die Tür zu, um in ihrer finsteren Höhle, die innen mit Illustriertenfotos und künstlichen Blumen ver-

schönt war, mit dem Mann auf der fleckigen Bettdecke geheimnisvolle Dinge zu treiben.

Ich wunderte mich nicht wenig über ihre Häß-
lichkeit. Und ahnte schon leise, daß es noch andere Orte geben würde, die ich erst später, als ich
schon erwachsen war, entdeckte: nägelbeschlagene
Türen mit Guckloch, durch die man in einen küh-
len, gekachelten Innenhof gelangte, wo zwischen
fleischigen Zierpflanzen ein Brunnen gluckerte,
ringsum eine Galerie von Zimmern, in deren Halbdunkel junge Frauen geschickt und freundlich
ihren Körper anboten. Ich war noch ein Bengel in
kurzen Hosen.

Der Gedanke, daß diese Frauen sich verkauften,
bestürzte mich. Auch wenn ich das Geld gehabt
hätte, mir einen Augenblick bei ihnen zu kaufen,
ich hätte nie gewagt, es zu tun. Es kam für mich
überhaupt nicht in Frage, eine anzusprechen. Und
wenn ich von der einen oder anderen einen Blick
oder ein Lächeln auffing, wenn ich das Gefühl
hatte, sie würde mich gleich ansprechen, ergriff ich
die Flucht und machte oft weite Umwege, um
nicht noch einmal an ihrer Tür vorübergehen zu
müssen.

Diese Bestürzung, diese Befangenheit vor den
Frauen und ihrem Geheimnis habe ich später nie
mehr ablegen können, auch nach so vielen Jahren

nicht, auch bei dir nicht. Immer habe ich das Gefühl, wenn du dich ausziehst und ich dich begeh-
re, daß dies etwas Verbotenes ist. Du hingegen
scheinst es ganz natürlich zu finden.

Warum bewegst du dich denn nicht?

Im Jahr darauf wurde ich wegen Faulheit vom Gymnasium verwiesen. Ich fuhr zu meiner Mutter in die französischen Alpen. Die fünfte Klasse schaffte ich glanzvoll beim dritten Versuch im Höhengymnasium von Briançon, einer Schule, die zu dem Gymnasium in Tunis einen beängstigenden Unterschied aufwies: sie war gemischt.

Komischerweise beunruhigten mich die runden Knie der kleinen Mädchen in meiner Klasse nicht sonderlich. Mich faszinierten so viele andere Dinge: die Berge, der Schnee, das Wasser, das überall in Sturzbächen herabkam, Ski- und Schlittschuhlaufen, die Radtouren durch die Täler.

So vergingen zwei Jahre, bis ich mich getraute, ein kleines pickeliges, aber im übrigen schon wohlgerundetes Mädchen zu fragen, ob sie mit mir einen Spaziergang mache. Das Herz schlug mir bis zum Hals, als ich es wagte, ihr einen linkischen Kuß zu geben. Als sie mich nicht zurückstieß, war ich wie betrunken vor Glück.

Unter Lärchenbäumen küßten wir uns zwei

Stunden lang. Ich wußte nichts anderes mit ihr anzufangen, als unaufhörlich durch den Büstenhalter hindurch ihre Brüste zu betasten. Das war meine erste Liebe. Sie dauerte ein Jahr, und am Ende war ich mit der Hand immerhin schon bis in ihr Höschen und zum oberen Rand der Schamhaare vorgedrungen, aber nicht weiter. Ob sie es wollte? Ich habe es nie erfahren. Wie das weibliche Geschlecht aussieht, wußte ich immer noch nicht.

Daß ich es schließlich erfuhr, verdankte ich Juliette. Ich war sechzehn, sie zwanzig. Sie war Schwesternschülerin in einem Sanatorium, wo sozialversicherte Angestellte ihre Tuberkulose auskurierten.

Sie war groß und braunhaarig und lachte gern. Ich kam ohne viel Mühe an sie heran, im Zimmer eines Freundes, eines Schwarzen, der später in seinem Heimatland Minister geworden sein soll. Als ich ihren Rock hochschob und ihren Strumpfhalter sah, mißfiel mir das seltsamerweise. Ich zog ihr das Höschen herunter, und das krause schwarze Dikkicht um ihre Scham erschreckte mich. Ich habe sie kaum gestreichelt, mich dann irgendwie ausgezogen und es fertiggebracht, in sie einzudringen, mit einigen Schwierigkeiten, denn ich wußte nicht, wo die Öffnung war (ich hatte sie viel weiter oben vermutet). Sie war mir diskret behilflich. Nach ein paar

Sekunden fragte sie erstaunt: »Warum bewegst du dich denn nicht?« Mir war nicht klar, daß man sich bewegen mußte. Ich hatte zwar nachts schon Ergüsse gehabt, aber noch nie masturbiert. Immerhin hatte ich dem Mädchen gesagt, daß ich sozusagen Jungfrau war, aber sie hatte es nicht glauben wollen. Ich war also in ihr und versuchte mich zu bewegen, weil sie es wollte, zappelte in alle Richtungen, wie beim Bauchtanz, spürte aber zugleich, daß es so nicht ganz richtig sein konnte. »Paß auf«, sagte sie besorgt, »daß du's mir nicht reinspritzt!« Ich war mit einem Satz am Waschbecken und sah mit Erstaunen und ohne große Begeisterung, wie sich mein Sperma in das Becken ergoß.

»Jetzt glaub ich dir, daß du Jungfrau bist!« sagte die arme Juliette mit ihrem Marseiller Akzent.

Das war sie also, die Liebe! Mir war nicht wohl dabei. Die eigene Unerfahrenheit machte mir angst. Ein paare Wochen später unternahmen wir einen zweiten Versuch, der ebenso enttäuschend verlief. Juliette war keine gute Lehrerin, und ich kein guter Schüler.

Ich mußte warten bis zu einer Reise nach Italien, als Beifahrer auf dem Motorrad eines Freundes, und da erlebte ich in einem Bordell in einer kleinen Stadt bei Genua, daß eine Hure mit schwer herabhängenden Brüsten mein Glied in den Mund nahm.

Die Empfindung war unvergeßlich. Und schließlich stieg sie auf mich drauf, um mir mit ein paar Hüftbewegungen beizubringen, was ich zu tun hatte. Ich dachte, ich würde ohnmächtig vor Lust. Es war höchste Zeit.

Gespräch auf Band:
Möchtest du einen Mann ernähren?

Maryse: Nun erklär mir doch mal ganz ehrlich, warum du dich von deiner Pascha-Mentalität nicht freimachen kannst.

Georges: Na ja, das ärgert mich schon ein bißchen, denn für mich, äh, stellt sich die Frage vor allem in sexueller Hinsicht.

M.: Nicht nur in sexueller. Wenn du vor Frauen sagst: »Nein, nichts zu machen, die Posten, die ihr haben wollt, die kriegt ihr nie!«, dann frag ich mich doch, womit du das begründen willst. Ich begreife einfach nicht, was in deinem Kopf vorgeht. Denk nur mal an den Sport. Früher hat man gesagt, das ist für die Frauen ungesund. Jahrelang hat man uns immer wieder erzählt: »Ach, ihr Frauen, während der Menstruation seid ihr doch zu gar nichts imstande!« Jetzt merkt man, daß es Mädchen gibt, die gerade in dieser Phase ihre Höchstleistungen bringen. Und genauso ist es mit der Schwangerschaft. Aber früher hat man gesagt, sobald sie ein Kind bekommen haben, ist Schluß.

G.: Aber du verstehst mich nicht. Ich habe nie

gesagt, daß die Frauen das alles nicht können. Ich bin überzeugt davon, daß ihr die gleichen Fähigkeiten und die gleiche Intelligenz habt wie die Männer.

M.: Dein Glück! Es fehlte nicht viel, und ich hätte dich für einen Macho gehalten.

G.: Ich bin davon doch fest überzeugt. Ich sage nur, ihr könnt das nicht erreichen, ohne Männer wie mich in ihrer Existenz zu gefährden.

M.: Neulich in dem Restaurant hast du aber etwas anderes gesagt. Du hast zu mir gesagt: »Bestimmte Posten werdet IHR nie kriegen.«

G.: Aber nur, weil du mißverstehst, was ich sagen will: ihr werdet sie nicht kriegen, ohne ... Laß mich mal ausreden! Ich bin überzeugt, daß ihr alles erreichen könnt, aber auch alles! Und daß ihr sogar noch stärker sein könnt – nein, stärker wäre idiotisch, denn darauf kommt es nicht an. Ich habe nie geglaubt, daß die Frau weniger taugt als der Mann; also brauchst du mir nicht zu beweisen, daß sie ebenso gut ist. Ich sage nur, ihr könnt das alles nicht erreichen, ohne die Privilegien zu verlieren, die ihr trotzdem gerne behalten wollt.

M.: Was für Privilegien?

G.: Das Privileg, eine Frau zu sein, zunächst mal.

M.: Was soll das heißen? Diese Privilegien würde ich gern kennen. Zum Beispiel das Privileg, sich um die Kinder zu kümmern? Maria ist den ganzen Mai über weg. Wer wird sich darum kümmern, eine Vertretung zu finden? Doch niemand anders als ich, oder? Ein Problem, das mir Tag für Tag zu schaffen macht. Wo soll ich die Zeit für die Reportagen hernehmen, die ich zugesagt habe? Wenn du das als Privileg der Frau bezeichnest?

G.: Es sind die Privilegien, die sich aus der Tatsache ergeben, daß ihr, äh, Lustobjekte seid. Zum Beispiel, daß ich dich verwöhne.

M.: Ich verwöhne dich auch. Wenn ich mehr Geld hätte, würde ich dir allerhand Sachen kaufen!

G.: Du hast mir einmal gesagt, es würde dich stören, wenn *du* viel Geld verdienen würdest und hättest einen Mann, der nicht so viel verdiente und... der ein bißchen...

M.: Das hab ich vor zehn Jahren gesagt!

G.: Nein, so lange ist es nicht her. Aber würde dich das nicht stören?

M.: Überhaupt nicht.

G.: Wenn du viel Geld verdientest und ich nicht, fändest du das normal?

M.: Ich denke, das kann im Leben mal der eine sein und dann vielleicht mal der andere.

G.: Das beruhigt mich, denn ich habe wirklich Lust, mal ein bißchen auszuspannen.

M.: Ich habe vor, viel Geld zu verdienen, aber ich möchte, daß auch du weiterhin viel verdienst.

G.: Aber könntest du dir denn vorstellen, mit einem Mann zusammenzuleben, der... sehr nett wäre, aber im Leben nicht so gut zurechtkäme?

M.: Also, ich sag dir... Ich weiß nicht, ich weiß nicht... Ich weiß nicht, ob ich Lust hätte, mit so einem Würstchen zusammenzuleben.

G.: Aber wenn er weniger phallokratisch wäre?

M.: Na ja, aber doch ein Würstchen, ich meine –

G.: Ach so, du meinst, der wäre nicht... Aber was hast du nun im täglichen Leben eigentlich an mir auszusetzen?

M.: Nein, nein, wechsle jetzt bitte nicht das Thema! Was für Privilegien hat die Frau? Das hab ich noch immer nicht begriffen.

G. (nach langem Schweigen): Also, da muß ich ein bißchen weiter ausholen.

Die Privilegien

> *...die Frau hinter den Nähtisch,*
> *der Mann hinter den Pflug...*
>
> CHARLES FOURIER

Auf unserer Hochzeitsreise in Bukarest. Vom Fenster des Hotels, das inzwischen bei einem Erdbeben in Trümmer gegangen ist, sehen wir auf einem der benachbarten Dächer Silhouetten zu, wie sie arbeiten. Zu unserer Überraschung bemerken wir, daß es Frauen sind, alle in Overalls. Sie legen Dachpappe aus, tragen Bretter herbei und nageln sie unter sengender Sonne mit großen Hämmern fest.

Auf der Straße haben wir andere Frauen Seite an Seite mit Männern arbeiten sehen, mit Schaufel und Spitzhacke.

Den Rumänen, die auch im Europa der Volksrepubliken nicht davon abgelassen haben, mit unnachahmlicher altmodischer Eleganz den Damen die Hand zu küssen, ist es peinlich, wenn man sie auf diese körperliche Schwerarbeit der Frauen anspricht. »Ja, stimmt, das ist furchtbar«, geben sie zu.

Und dennoch. Warum sollten die Frauen nicht an den Plackereien der Männer teilnehmen, wo sie doch auch in den Sportstadien mit ihnen konkurrieren?

Angesichts der tarzanmäßigen Oberkörper der ostdeutschen Schwimmerinnen kann man in der Tat auf den Gedanken kommen, daß sie mit der Spitzhacke genauso gut umgehen würden wie ein Kerlchen aus Griechenland oder der Türkei.

Ja, ich kenne das Los der armen Mädchen hinter den Ladenkassen der Kaufhäuser und Supermärkte, ich weiß, wie die Berieselung mit Musik und die klimatisierte Luft sie abstumpfen. Ich weiß, wie die Arbeiterinnen in den Textil-, Elektronik- und Pharmabetrieben ausgebeutet werden und daß sie, wenn sie abends heimkommen, noch einen zweiten Arbeitstag vor sich haben. Für sie gibt es kein Wochenende und keinen Urlaub.

Aber ich weiß auch, aus diesen Schichten kommen die Feministinnen nicht.

Wenn die Frauen, völlig zu Recht, gleichen Lohn für gleiche Arbeit fordern – soll das heißen, daß sie Lust haben, in allen Berufen und Arbeitsbereichen mit den Männern zu konkurrieren? Wollt ihr auch schwielige Hände und verbogene Körper? Ist es euch nun wichtig, schön zu bleiben, oder nicht? Und ist es in einer Gesellschaft wie der unsrigen gerecht, daß manche Frauen das Privileg haben, schön zu sein, und andere nicht?

Der Unterschied zwischen einer Bäuerin von dreißig Jahren und einer Städterin gleichen Alters ist beängstigend.

Die Frauenfeindlichkeit der Männer hat ihren Grund in eurer Schönheit. Macht ihr Schluß mit dem Schönsein, dann sind wir nicht mehr so frauenfeindlich! Wollt ihr dieses kleine Opfer nicht bringen?

»Wir sind nicht für die Männer schön, sondern für uns selbst«, versichert ihr scheinheilig.

Ich glaube euch nicht. Wenn ihr euch im Spiegel betrachtet, seht ihr euch mit den Augen der anderen.

»Man darf ja wohl auch schön sein wollen, um anderen Frauen zu gefallen.« Nun, das will ich halbwegs glauben. Im häufigeren Umgang mit Frauen ist mir klargeworden, daß sie sich gegenseitig umwerben.

All das ändert nichts daran, daß es mir schwerfällt, euer Geschlecht zu vergessen, wenn ihr mir unübersehbar eure angemalten Augen und Münder vorführt, die nackten Brüste, den symbolischen Slip, die Beine auf Stöckelschuhen und das betörende Parfüm. Eine Frau, die man gern anfassen möchte, kann man unmöglich ernst nehmen.

Ihr sagt, ihr wollt mehr Gerechtigkeit, aber wollt ihr wirklich *Gerechtigkeit*? Das würde einen Verzicht auf die traditionellen, moralischen und sozialen Werte bedeuten, eine Absage an die Familie.

Der Feminismus ist doch oft nur eine neue Form von Koketterie, ein gutes Mittel, um weitere Vorteile zu erlangen, ohne die zu verlieren, die ihr schon habt.

Ich könnte ebensogut sagen, daß uns westeuropäischen Männern dies alles nicht weiter beunruhigend erscheint: Eure Forderungen mögen zwar lästig sein und das Leben komplizierter machen, aber so schlimm sind sie nun auch wieder nicht, denn schließlich wollt ja auch ihr »das Boot nicht zum Kentern bringen«. Dazu seid ihr zu ängstlich. Ich will nicht so ungerecht sein zu unterstellen, ihr hättet all dies nicht bedacht.

Es gibt unter euch Extremistinnen: die intellektuellen Lesbierinnen, die triumphierend beweisen, daß es auch ohne die Männer geht. Sie geben sich keine Mühe mehr, auszusehen wie die netten, frischen Muttis aus den Fernsehmagazinen oder, je nach Sozialstatus, wie die Strandbienen vom Typ Club Méditerranée, die kleinen Hexen aus dem

Cosmopolitan oder die gestylten Wesen aus der *Vogue*.

Oft habe ich bei Frauenversammlungen, auf die ich dich wie ein Lotsenfisch begleitet habe, beobachtet, wie diese Frauen, die ihre Bauchwülste, ihre schlampige Kleidung, das stumpfe Haar oder die Gesichtsfalten mit sich herumtragen wie eine Fahne, mit feindseliger Ironie deine blonden Strähnen und deine Saint-Laurent-Kleidung betrachteten.

Aber mit der feministischen Schlampigkeit scheint es aus zu sein, nachdem sie ihrerseits in die Mode eingemeindet wurde: die schlotternden Kleider, die zu weiten Hosen sehen so aus, als hätte sich über ihren Schnitt niemand Gedanken gemacht; sie sollen euren Körper vor den anbaggernden, gewalttätigen Machos verbergen; die Haare werden im Regen naturkraus; der ein wenig burschikose Gang provoziert durch seine vollkommene Gleichgültigkeit gegen die Blicke der Männer.

All diese Wahrzeichen der befreiten Frau gehören heute schon zur Garderobe der Frauen von mittleren und leitenden Angestellten oder Freiberuflern. Selbst das Fehlen der Modeseiten in den neuen Frauenzeitschriften ist Mode. Man braucht sich nur die Redakteurinnen dieser Blätter anzusehen, um zu begreifen, daß die Mode ihnen nicht egal ist; wahrscheinlich blättern sie fieberhaft in *Elle* herum, wenn sie beim Friseur sitzen. Am meisten gestraft sind ihre Männer, die *Elle* immer noch aufregender fanden als *Lui*.

Verhütung

Und wenn die großen Nutznießer der
Empfängnisverhütung nun die Männer wären?
MICHÈLE MANCEAUX,
Marie-Claire, Mai 1978

Als die Empfängnisverhütung nach erbittertem
Streit, an dem du dich leidenschaftlich beteiligt
hast, praktisch freigegeben wurde, hatten die
Frauen mit Recht den Eindruck, einen großen Sieg
errungen zu haben.

Endlich konnten sie wählen, ob sie ein Kind
haben wollten oder nicht. Endlich konnten sie
ohne Furcht vor Schwangerschaft mit ihren Freun-
den schlafen. Der jahrhunderte- oder jahrtausen-
dealte Koitus interruptus, die Knaus-Ogino-
Methode, das Präservativ und andere mechanische
Schutzvorrichtungen waren endlich nicht mehr
nötig. Und erst die Abtreibungen: wie oft haben
Menschen meiner Generation nicht geheimnisum-
wobene Telefonnummern oder Adressen in Hol-
land oder Marokko ausgetauscht? Ich erinnere

mich noch an einen Monsieur Jean, der vielen gute Dienste geleistet hat. Man traf ihn morgens in einem bestimmten Café. Vor zehn Jahren kostete es zweitausend Francs – damals ein kleines Vermögen.

Die Freigabe der Empfängnisverhütung erscheint mir auch heute noch als eines der wichtigsten Ereignisse des Jahrhunderts. Eben deshalb scheint sie den Frauen nicht geheuer zu sein.

Dieser Sieg über die Männer, den sie da errungen hatten, kam den Besiegten allzu gelegen, die nun sorglos vögeln konnten. Die Frauen wollten zwar auch vögeln, nicht aber sich vögeln lassen.

Also fingen sie an, großes Aufhebens darum zu machen. Bald fanden sie heraus, daß die Pille dick macht, daß sie das Krebsrisiko erhöht, daß sie Herzklopfen, Angstzustände und fliegende Hitze hervorrufen kann: neue Vorwürfe gegen das dicke Mannsbild, das schwitzend und zusammenhangloses Zeug stammelnd auf ihnen liegt und ihnen seine Ladung schleimiger Spermatozoen in den Leib spritzt.

Nun haben sie zwar das Recht zur Empfängnisverhütung, aber wieder einmal sind sie die Betrogenen. Denn verantwortlich dafür sind *sie*. Mit der Pille für den Mann ist es noch nicht soweit, sagt man ihnen. Was kann der gutwillige Mann also tun, um die Bürde der Verhütungsmaßnahmen mit seiner Partnerin zu teilen?

Ein holländischer Freund von mir, Vater von zwei Kindern, hat das Problem mit echt nordischer Kaltschnäuzigkeit gelöst: Er hat sich sterilisieren lassen. Mit deinem geschärften und durch die Aussicht auf den neuen »Kampf«, der sich da anbahnt, schon entzündeten feministischen Bewußtsein hattest du mich über diese radikale Alternative unterrichtet, die auch von der Kirche und der redlich denkenden Sekte »Laßt sie leben!« empfohlen wird, allerdings unter der Voraussetzung, daß sie nur in den gelben und braunen menschlichen Ameisenhaufen der unterentwickelten Länder zur Anwendung kommt.

Bei uns, in der christlichen Zivilisation, wo die Gestütsmentalität durch eine Batterie von Gesetzen bestärkt wird, die dem Vater von zehn Kindern seine zehn Liter Pinard pro Tag sichern, ist die Sterilisation verboten, denn sie wird juristisch der freiwilligen Selbstverstümmelung gleichgestellt.

Was mich reizte, war die biblische Schlichtheit der Operation und die Schönheit des menschlichen Opfers, das ich unserer Liebe damit gebracht hätte.

Eines Tages, während du dich in der Kabine entkleidetest, habe ich deinen berühmten Gynäkologen danach gefragt. (Er ist so berühmt, daß er zwischen zwei Kongressen in aller Welt kaum noch Zeit hat, den betuchtesten Frauen von Paris kurz einen Blick zwischen die Beine zu werfen.)

»Klar, kann ich Ihnen machen«, sagte er mir ganz begeistert, »wann Sie wollen. Rufen Sie mich an, das ist eine Kleinigkeit!«

»Aber das ist dann nicht mehr rückgängig zu machen?«

»Allerdings, wenigstens vorläufig. Es gibt zwar schon ein Wasserhahnsystem, aber das ist noch im Versuchsstadium. Also überlegen Sie sich's gut, bevor Sie sich dazu entschließen. Ein Mann kann ja auch noch mit siebzig Kinder zeugen.«

»Ich rufe Sie an.«

Ich habe ihn bis heute nicht angerufen. Ich bin Romane, und meine Hoden sind mir heilig. Trotzdem, noch mehr Kinder will ich nicht. Ich habe schon drei, und das reicht wohl. Aber erst eine Bemerkung von dir hat mir schließlich die Lust genommen, den Helden zu spielen.

An diesem Tag war ich fast entschlossen, es zu machen, oder zumindest tat ich so und blätterte schon im Kalender, um eine Lücke zwischen meinen Terminen zu finden. Da hast du gesagt:

»Versuch doch, ein Datum zu finden, das mir auch paßt. Dann machen wir's gleich beide zusammen.«

»Wir machen was zusammen?«

»Die Sterilisation. Ich will mich doch auch sterilisieren lassen.«

»Warum denn du? Wenn ich es mache, genügt das dann nicht?«

»Da sieht man's mal wieder, ihr Männer! Du glaubst wohl, du hast das Exklusivrecht an mir? Und wenn ich nun mal mit einem andern schlafen will?« Dann hast du noch hinzugefügt: »Ich meine, nicht heute oder morgen. Im Moment hab ich genug andre Dinge um die Ohren.«

O Scheiße, daran hatte ich nicht gedacht! Wie kann man nur so ein dämlicher Phallokrat sein!

Ich habe dir erklärt, daß ich zwar mich selbst alt genug fände, um mit der Fortpflanzerei Schluß zu machen, daß du aber zu jung seist, um allen Eventualitäten dieser Art ein für allemal die Tür zu verschließen. Wenn ich nun sterbe? Wenn du mit einem andern ein neues Leben anfangen willst? Du hast nur die Achseln gezuckt. »Ich will keine Kinder mehr. An Mutterliebe laß ich es bestimmt nicht fehlen, aber wenn man noch mal von vorn anfangen müßte...«

Dann habe ich ein anderes Argument vorgebracht. Stell dir mal vor, habe ich gesagt, ich geh eines Abends in den Keller runter, um Wein zu holen. Und genau in dem Augenblick wird die Welt durch einen Atomkrieg verwüstet. Wenn ich mit meiner Flasche die Treppe wieder raufkomme, ist auf der Erde kein Mensch mehr am Leben, bis auf – o Wunder – eine einzige Person weiblichen Geschlechts. Wenn ich mich habe sterilisieren lassen, wie steh ich dann da? Wie soll ich dann den Planeten wieder bevölkern?

Du hast mich spöttisch angeschaut. »Du hängst an deiner Männlichkeit. Du bist eben ein Romane.«

Und ob!

Eines Tages dreht man sich um ...

Annie Leclerc schreibt in ihrem Buch *Paroles de femmes*, das ich mit einem Trotz durchgelesen habe, über den du sehr enttäuscht warst: »Eines Tages dreht man sich um und erkennt plötzlich nichts mehr wieder. Die Dinge scheinen immer noch am selben Platz zu stehen, aber alles hat ein anderes Gesicht bekommen.« Ich bin versucht, mir diesen Spruch zu eigen zu machen, im Namen aller Ehemänner von Frauen, die eines Tages plötzlich den Feminismus entdecken, so wie man eines Tages entdeckt hat, daß die Erde rund ist.

Ich glaube, die Frauen sind jetzt im »bockigen« Alter, sie werden aufsässig gegen die ungeschickten und verunsicherten männlichen Vaterfiguren.

»Eines Tages dreht man sich um ...«, und die liebe gehorsame Kleine, die eben noch so schmiegsam und schmeichlerisch war, ist plötzlich nur noch ein Bündel Aggressivität, das bei Tisch freche Antworten gibt, heulend aufsteht und türenknallend davonrennt oder aber sich hinter einem drohenden Schweigen verschanzt.

Diese Frau, von der man glaubte, daß sie hinter ihren langen, gesenkten Wimpern hochzufrieden sein müßte, weil man sie verwöhnt und beglückt, schlägt plötzlich die Augen auf und nimmt einen mit einem ironisch funkelnden Blick voll aufs Korn.

Sie wäscht einem weiterhin die Unterwäsche und sorgt auch dafür, daß der Kühlschrank voll ist. Klar, was das Haus angeht, die Erziehung der Kinder, die Reinlichkeit der Tischdecken und die Pflege der Zimmerpflanzen, ist sie untadelig. Untadelig ist sie auch am Abend, wenn sie nach ihrer stundenlangen Toilette ins Bett schlüpft, wo man sie mit klopfendem Herzen erwartet. Aber kurz vor dem Einschlafen überkommt einen das Gefühl einer eisigen Fremdheit.

Und plötzlich erscheint einem dieses Haus, für dessen Besitz man so schwer geschuftet hat und das nun voller erinnerungsträchtiger Dinge steht, als eine Art Museum, in dem man zu Besuch ist.

Eben noch ein selbstsicherer, munterer und zuversichtlicher Bursche, kommt man sich auf einmal alt vor, zurückgeblieben, täppisch wie ein Elefant im Porzellanladen.

Alles, worauf man ein Anrecht zu haben glaubte, die kleinen Lüste und Freuden, deren Summe das Glück ausmachte, werden einem nach und nach versagt. Nur das Lebensnotwendige bleibt einem.

Was man bisher bekam, ohne daß man darum bitten mußte, kann man von nun an nicht einmal mehr fordern, die Worte würden einem im Hals steckenbleiben. Eine Frau ist wie ein Geschenk. Und ein Geschenk ist am besten gelungen, wenn es eine Überraschung ist.

Gewiß, die Liebe, die einen mit der Frau verbindet, bleibt außer Zweifel. Sie ist wie ein geheiligter Grundsatz. Fast wird sie zum Alibi für die Kälte, Distanz, Verständnislosigkeit, für das Schweigen. Als würde man sich sagen, es schade ja nichts, wenn man sich die Liebe seltener beweist, sich weniger küßt und streichelt, weil man sich ja sowieso liebt.

Was also tun? Eine Möglichkeit ist, sich ebenfalls in ein feindseliges Schweigen einzumauern. Manchmal gerät man zwar in Zorn, aber niemals aus den wirklichen Gründen, die den Zorn hervorrufen. Über die wirklichen Gründe spricht man in den meisten Ehen nie. Ich habe allerdings mit dir darüber gesprochen. Du hast mich sogar verblüfft, als du mir auf der Stelle bewiesen hast, daß du genau weißt, was mir Freude macht.

So gehen die Wochen hin, die Monate, die Jahre. Deine Arbeit spannt dich immer mehr ein. Auch ich habe immer mehr mit meinen Aufträgen zu tun. Immer seltener sehen wir uns. Immer später gehen wir abends zu Bett und immer müder.

Ich habe schließlich begriffen, daß es nichts nützt, das Vergangene zurückholen zu wollen. Du bist nicht mehr dieselbe. Die kleine Blonde, die ich einmal geheiratet habe und die bereit schien, sich alle meine Launen mit Freuden gefallen zu lassen. Die Journalistin, die so verständig war, einzusehen, daß ihre Arbeit nicht so wichtig war wie meine und daß es im Hause vor allem eines zu beschirmen und zu hüten galt, nämlich den Seelenfrieden des Mannes. Jetzt bist du erwachsen, und unsere Beziehungen müssen sich ändern.

Der Feminismus ist für das, was aus dir geworden ist, sicherlich nur zum Teil verantwortlich. Aber trotzdem, ich glaube, zu einem erheblichen Teil.

Ich liebe und achte dich, so wie die du heute bist. Aber ich kann nicht vergessen, wie du einmal warst.

Die praktische Frau

Ich steige aus dem Wagen und mache die Garagentür auf. Die Reifen knirschen über den Kies. Elastisch steige ich die paar Stufen zur Tür hinauf. Ich höre die gedämpften Töne des Klaviers, vermischt mit dem Lärm aus dem Plattenspieler. Meine ältere Tochter spielt auf dem Instrument, die andere hört die Bee-Gees. »Papa ist da!« schreit die Jüngere, die ganz rosa in ihrem gestreiften Pyjama auf mich zustürmt. Ich habe ihr ein kleines Geschenk mitgebracht.

»Elsa, kommst du jetzt bitte zurück an den Tisch!« Da stehst du vor mir, frisch und munter, das blonde Haar zu einem mädchenhaften Knoten geschlungen. Du hältst mir die Lippen zum Kuß hin, und ich drücke dich an mich, um durch den dünnen Stoff deinen warmen Körper zu spüren. Du lächelst mich an. Auch für dich habe ich ein Geschenk. Du wickelst es aus der Verpackung und schaust mich an, mit gespielter Entrüstung. »Du bist ja verrückt! Papa ist verrückt«, sagst du zu unseren beiden großen Töchtern, die herbeikommen und sich auf die jungfräuliche Stirn küssen lassen... und dann wieder an ihre Übungen gehen. Ich lege den Arm um deine Taille, und wir gehen ins Wohnzimmer; meine Hand gleitet tiefer und streicht über deinen runden Hintern. Ein appetitlicher Geruch kommt aus der Küche, wo sich Nicole zu schaffen macht, unser altes Hausmädchen, das schon die Geburt der Kinder miterlebt hat. »Heute gibt es etwas, was du magst«, kündigst du an.

Abends essen wir beide für uns allein. Es ist die Zeit, in der wir unter uns sein wollen.

Während du das kleine Mädchen zu Bett bringst, gieße ich mir einen Whisky ein und blättere die Zeitung durch.

Du rufst mich, damit ich den Kindern den Gutenachtkuß gebe. Unterdessen machst du dir in der Küche zu schaffen, die ich nicht betreten darf. Aber ich habe schon am Geruch erkannt, daß es Coq au vin gibt, deine große Spezialität und mein Leibgericht.

Wir sind nun allein. Nicole ist oben in ihrem Zimmer und sieht fern. Du kommst herein, mit einer dampfenden Schüssel in der Hand. Ganz entzückt über ihren Inhalt lege ich dir auf. Ich schenke dir von dem Öko-Bordeaux ein, den ich bei einem Freund kaufe, und beim Essen wechseln wir verliebte Blicke. Ich erzähle dir von meinen Siegen und

Niederlagen im täglichen Kleinkrieg gegen meine Oberen, die meinen wahren Wert nicht immer zu schätzen wissen, und gegen meine Untergebenen, die sich manchmal gegen meine Autorität sträuben. Ich bin nicht der Typ, mit dem man das machen kann.

Du hörst mir aufmerksam zu. Alles an meinem Beruf interessiert dich. Deine Ratschläge sind immer wohlbedacht. Auch du erzählst mir, wie der Tag für dich verlaufen ist. Das Haus und die Kinder kosten dich viel Zeit, aber davon hast du ja genug. Zusammen mit einigen anderen Frauen aus der Nachbarschaft beschäftigst du dich mit allerlei sozialen Dingen und mit Kultur. Du hältst mich über die Verwandtschaft auf dem laufenden, mit der die Nabelschnur des Telefons dich verbindet.

Ich helfe dir abtragen und das Geschirr in die Spülmaschine stellen, trotz deinem Protest. »Das ist keine Arbeit für einen Mann«, sagst du. Wir sehen ein bißchen fern, aber nicht lange. Ich stehe morgens gern früh auf, und weil ich viel Schlaf brauche, gehen wir früh zu Bett.

Kaum sind wir im Schlafzimmer, da schlingst du mir die Arme um den Hals, und deine Zunge taucht in meinen Mund. Einige Sekunden bleiben wir so stehen, wobei ich dir den Rock hochziehe und deinen Hintern betaste. Und dann wird aus der jungen

Frau mit dem geheimnislosen Blick, mit der sach-
lichen Frisur und der unauffälligen Kleidung, aus
der treusorgenden Mutter einer Musterschülerin,
aus der liebenden Tochter, der freundlichen Tante,
der reizenden Nachbarin, der Frühaufsteherin, die
abends immer als letzte zu Bett geht, aus der
Virtuosin der Blaubeermarmelade, der Königin
der Kochwäsche, der Expertin im Lockenwickeln,
der Komponistin herrlicher Blumensträuße, der
Kräuterteetrinkerin, aus der Besteckputzerin,
Staubwischerin, Hosenbüglerin, Blumenvasenver-
teilerin, Käsegebäckspenderin, aus der perfekten
Hausfrau, der schüchternen Klavierspielerin, der
Pulloverstrickerin, Landschaftshäklerin, aus der
Leserin von Guy des Cars, Françoise Sagan,
Maurice Druon, Françoise Dorin und der *Femme
pratique*, aus der Traumurlaubsplanerin, der Klo-
putzerin, der Zimmerpflanzengießerin, aus der
Herrin der aufgeräumten Schränke, übersichtlichen
Schubladen voller Taschentücher, Schmuckkästchen und Fotoalben, der Sammlerin der Briefstapel
zwischen blauen Seidenbändern, der Haushälterin,
deren Abrechnungen immer auf den Pfennig stim-
men, bei der das Ferienbudget schon ein Jahr vorher gesichert und der neue Küchenherd durch den
Verkauf des Kinderwagens teilfinanziert ist, aus
dieser Personifizierung der Gattentreue, die ich

schon kannte, als sie in jungfräulicher Reinheit von der Klosterschule abging – aus dieser guten Seele meines trauten Heims wird nun eine brünstige, entfesselte Teufelsfurie, abgebrüht, fordernd, schamlos, unersättlich, obszön, eine Geisha, eine Hure, die mir Worte zuflüstert, die gar nicht in ihren Mund passen wollen, die bettelt, ich soll ihr sagen, was ich mit ihr mache, und mit ihr machen, was ich mich nicht zu sagen getraue, und ihr beschreiben, was ich mich nicht mit ihr zu machen getraue. In dem Spiegel, der wie zufällig am Kopfende des Bettes steht, sucht sie den besten Blickwinkel heraus, um unsere beiden zusammengehefteten, schweißglänzenden Körper zu sehen. Und wieder bettelt sie mich an, sie zu ficken, wie Emmanuelle in dem Flugzeug gefickt wird, wie die O. in Roissy, wie die Hirschkuh von dem Elefantenmann im *Kamasutra*, wie Eugénie von Dolmancé in der *Philosophie dans le boudoir*, wie Fanny Hill von ihrem Charles, wie Pierre Louÿs von Ricette, Lili Teresa und Charlotte, wie Leda von dem Schwan.

Im allgemeinen erwache ich aus diesem Phallokratentraum schon vor dem Vertröpfeln. Jeder hat die Phantasien, die er verdient. Meine sind relativ einfach. Ich bin nicht kompliziert. Davon zu träumen, daß die eigene Frau ein Hausmütterchen und eine Hure zugleich sei, ist für einen Mann nichts

Ungewöhnliches. Sicher habt ihr recht, wenn ihr sagt, dabei wird die Frau unterdrückt und geknechtet und entwürdigt.

Aber ich sage mir: Wenn man ein Huhn ißt, fragt man dann erst, ob es dem Huhn Spaß macht, gegessen zu werden?

Im Grunde, und du weißt es genau, würde ich mich mit der Frau, die ich eben beschrieben habe, nur langweilen, aber wie viele Männer würden nicht die Langeweile dem dauernden Ärger vorziehen!

Zwischen der berufstätigen Frau und der Hausfrau liegen Welten. Mit einer berufstätigen Frau verheiratet zu sein, ist äußerst beschissen für den Mann, wenn sein Einkommen es ihm gestatten würde, die Frau zu Hause zu behalten. Sobald die Arbeit der Frau nicht notwendig ist, wird sie ein Luxus: sie bringt für den Mann mehr Sorgen als Vorteile. Besonders dann, wenn er zwar genug verdient, um sich und seine Familie zu ernähren, aber doch nicht so viel, daß er sich eine Köchin, eine Aufwartefrau und ein Kindermädchen leisten könnte, die seine Frau im Haushalt ersetzen würden. Folglich ergeht es denen, deren Arbeit ein Luxus ist, ebenso wie den notgedrungen arbeitenden Frauen: sie haben einen doppelten Arbeitstag und müssen lange aufbleiben, sich um die Wäsche kümmern, kochen und das Haus in Ordnung halten.

Am ärgerlichsten ist nun für den Mann, daß er sich verpflichtet fühlt – sofern er seine Frau liebt und kein ganz gemeiner Schuft ist –, bei den häuslichen Arbeiten selbst mit Hand anzulegen. Mit Pantoffeln an den Füßen geruhsam die Zeitung zu lesen, wie es der klassische Ehemann in Karikaturen oder in meinen Träumen zu tun pflegt, kommt nicht mehr in Frage.

Wenn er heimkommt, während seine Frau zu einer wichtigen Verabredung unterwegs ist, eine dringende Arbeit erledigt oder an irgendeiner Sitzung teilnehmen muß, muß er gezwungenermaßen das Kind baden, ihm Geschichten erzählen und ihm seinen Brei einflößen. Außerdem muß er eine aufgeräumte Küche und ein sauberes Badezimmer hinterlassen. Das ist manchmal viel verlangt von einem armen, überlasteten Mann, der in unserem jüdisch-christlichen Matriarchat großgeworden ist.

Und besonders, wenn du dann heimkommst, müde, voller Sorgen und mit schlechtem Gewissen, weil die Kinder nach dir verlangt haben und weil das Haus nicht ganz so ist, wie es wäre, wenn du dich selbst drum gekümmert hättest. Also stürzt du dich nun in deine Hausfrauenpflichten, heulst auch ein bißchen, wenn ich zufällig eine unpassende Bemerkung mache. Der Abend endet damit, daß jeder für sich die eigenen Vorwürfe wiederkäut. Nichts ist mit erotischen Freuden.

Und trotzdem, die Arbeit ist für die Frauen die einzige Möglichkeit, sich aus dem Sumpf zu ziehen. Arbeit ist das Geheimnis eurer Freiheit, davon bin ich fest überzeugt. Die Befreiung der Frau beginnt mit eigener Berufstätigkeit. Daran führt kein Weg vorbei. Alle Regelungen, die darauf hinauslaufen, der Frau eine Schar Gören anzuhängen und sie damit ans Haus zu fesseln, sind eine Sauerei. Pech für mich, Pech für uns Männer!

Sexualerziehung, zweiter Teil

Mein Liebesleben war nicht sehr bewegt, als ich zwanzig war – ich könnte ebensogut sagen, ich hatte fast überhaupt keines.

Wir waren aus den französischen Alpen nach Paris gezogen, wo ich keinen Menschen kannte. Ich war schüchtern, unerfahren, meistens pleite. Ich wohnte bei meinen Eltern in ihrer winzigen Wohnung. Nie hätte ich gewagt, einer von den Gymnasiastinnen, mit denen ich hier und da einen kurzen Flirt hatte, vorzuschlagen, in ein Hotel zu gehen. Sie wären sicherlich schockiert gewesen. Und dann, in was für ein Hotel? Ich wußte nicht, daß man in jedem beliebigen ein Zimmer für eine Stunde nehmen konnte, von den Palast-Hotels angefangen bis hinunter zu den armseligsten Löchern.

Auf den Surprise-Parties, wenn die Eltern, die allerdings nie weit weg waren, mal den Rücken drehten, wurde natürlich geknutscht und eng getanzt. Ich möchte nur wissen, was die Mädchen wohl von dem harten Höcker hielten, den wir da zwischen den Beinen hatten.

Nur selten, denn gewöhnlich war es mir zu teuer, leistete ich mir eine Prostituierte. Ich suchte dazu eine einschlägige Straße in Vincennes auf, die es heute nicht mehr gibt. Dort ging ich auf und ab, manchmal, wenn ich kein Mädchen fand, das mir gefiel, auch ohne Ergebnis. Am meisten zogen mich die an, die nicht allzu nuttenhaft aussahen.

Dick bemalte Lippen, wie sie die Flittchen der Nachkriegszeit hatten, und schwarze ultrakurze Satinkleider mit Seitenschlitz stießen mich ab. Das Ganze mußte ein bißchen stilvoll sein. Mit klopfendem Herzen und halberstickter Stimme sprach ich so ein armes Ding an und fragte nach dem Preis. Es waren etwa zehn Francs oder fünfzehn. Außerdem mußte man das Zimmer bezahlen. Ich stieg mit ihr die hölzerne Treppe hinauf und beäugte dabei ihren Hintern. Sobald wir in dem anheimelnd schmuddligen Zimmer waren, zog ich meinen vorher beiseite gesteckten Geldschein aus der Tasche. »Wenn du noch ein bißchen drauflegst, zieh ich mich aus«, sagten die Mädchen immer. Ich war darauf schon gefaßt und hielt noch einen kleinen Schein in Bereitschaft. Ist das alles, was du hast? Wollen wir nicht 'ne Viertelstunde bleiben? Ich werd' dich schön lutschen. Wenn sie meine Verlegenheit sahen, drängten sie nicht weiter. Sie zogen das Kleid aus, behielten aber die Strümpfe an, die sich bis zu

94

den Schuhen hinunterrollten. Im Büstenhalter und mit wundem blankem Hintern machten sie sich nun daran, mir mein noch nicht sehr imponierendes Geschlechtsteil sorgfältig mit Marseiller Seife zu waschen. Dann mußte ich mich auf der unvermeidlichen geblümten Bettdecke ausstrecken. Die Socken behielt ich an, wenn sie keine Löcher hatten.

Sie schoben sich mein Glied in den Mund und bearbeiteten es ebenso energisch wie geistesabwesend. Sobald es steif war, legten sie sich hin, spreizten die Beine und sagten mit Ungeduld in der Stimme: »Na kommst du?« Ich kam zu ihr. Nach drei Stößen war es erledigt, ich hatte meinen Erguß und lag schnaufend an ihrem Hals. Dann hatte ich es eilig zu gehen. Draußen spürte ich, daß ich leicht zittrige Knie hatte; ich war ein bißchen trübsinnig und hatte keinen Sou mehr in der Tasche. Es blieb nichts anderes übrig, als heimzugehen.

Viele Männer in meinem Alter haben dieses sexuelle Elend kennengelernt, und wenn sie früh geheiratet haben, dann oft, weil sie jeden Abend eine Frau im Bett haben wollten.

Als ob es genügte, jeden Abend mit einer Frau zu schlafen, damit die sexuellen Probleme verschwinden!

Wenn die Frauen von heute, die sich fragen, wer die wahren Nutznießer der Empfängnisverhütung

sind, schon die jahrtausendealten Vorsichtsmaßnahmen vergessen haben, so erinnere ich mich mei-
nerseits noch sehr gut an diese Jahre, die vergiftet
waren von der Furcht, ein Kind zu bekommen,
vom besorgten Warten auf die Monatsblutung, von
Verzweiflung und Resignation. Nicht, daß man die
Kinder weniger lieben würde, die man nicht gewollt hat. Aber es ist doch gut, wenn man die Wahl
hat! Damals hatte ich von der Pille noch nie gehört,
und ich war auch noch nicht so selbstsicher, daß ich
mich getraut hätte, mir vor den Augen einer Frau
ein Präservativ überzustreifen. Ich spritzte mein
Sperma in ein Taschentuch, das ich heimlich zu diesem Zweck unter der Matratze bereitgelegt hatte.

Was für eine vergeudete Zeit! Die jungen Leute
wissen heute gar nicht mehr, was für ein Glück sie
haben.

Das Schicksal hat es so gewollt, daß ich mit dreißig schon Witwer war. Gerade zu der Zeit übrigens, als ich nicht mehr ganz so arm war und als
auch die Pille aufkam.

Ich habe seither allerhand Abenteuer gehabt. Ich
habe allmählich etwas über diese Dinge gelernt,
bei nachdenklichen, aufmerksamen und erfinderi-
schen Frauen, die meine Lehrmeisterinnen waren.
Ich ging auch zu Prostituierten, denn meine Bemü-
hungen um andere Frauen waren nicht immer er-

folgreich. Aber die Prostituierten, die ich mir nun leisten konnte, waren von den kleinen Nutten aus Vincennes doch sehr verschieden.

Je teurer eine Prostituierte sich bezahlen läßt, desto weniger scheint das Geld sie zu kümmern, das man ihr gibt. Ich hatte diese Mädchen sehr gern. In den Bars der Rue Saint-Denis hatte ich meine Anlaufstellen. Die Mädchen verrichteten ihre Arbeit oft mit viel professioneller Sorgfalt. Ihre Kunden waren sicher nicht alle so einfach zu bedienen wie ich.

Das Angenehme bei dieser Art Frauen ist vor allem, daß sie zu fast allem bereit sind, was man von ihnen will. Außerdem ist man frei von der quälenden und einschüchternden Verpflichtung jedes wohlerzogenen Liebhabers, sie zu einem heftigen Orgasmus zu bringen. Daß so viele verheiratete Männer zu Prostituierten gehen, kommt daher, daß diese Frauen ihnen etwas geben, was im flüchtigen ehelichen Verkehr oftmals fehlt: professionelles Können und der handwerkliche Stolz auf die gute Arbeit.

Wenn ich soviel vom eigenen Triebleben rede, dann natürlich, weil ich viel Freude daran habe. Mir ist egal, ob diese Befriedigung normal oder pervers ist: Lust ist Lust, und alles, was mit dem Geschlechtsakt zu tun hat, ob der Vollzug oder das

Darüberreden, bereitet mir Vergnügen. Es ist schade, daß ich in meinem bisherigen Leben nur so wenig Zeit darauf verwendet habe, in der Liebe Erfahrung zu sammeln. Schade, daß wir nicht Zeit und Ruhe hatten, uns besser und öfter zu lieben. Meist sind wir eingespannt, jeder in seinen täglichen Trott. Was mir den Mut und die Schamlosigkeit gibt, all dies einzugestehen, ist die Überzeugung, daß die meisten Zeitgenossen dieses Los mit mir teilen, egal zu welcher Gesellschaftsschicht sie gehören.

Miteinander zu vögeln, wenn man wirklich Lust dazu hat und wenn die Umstände günstig sind – ein seltenes Abenteuer, das uns unvergeßlich bleibt!

Simenon hat in einem Interview in der französischen Ausgabe des *Playboy* einmal den Hunger nach sexuellen Beziehungen gestanden, der ihn durch sein ganzes Leben begleitet hat. Er hat dort auch gesagt: »Ich bin für die Unabhängigkeit der Frau, aber die Sehnsucht nach dem Paar werde ich immer behalten, nach dem echten Paar. Ob das Paar wohl aussterben muß? Ich hoffe, ich bin dann nicht einer von den beiden letzten.«

Das hoffe ich auch. Denn auch wir beide sind ein echtes Paar und erleben Augenblicke unerhörten Glücks.

Aber deine Unabhängigkeit, die Unabhängigkeit der Frau, bedeutet sie nicht schon das Ende des Paares, wie es Simenon zu glauben scheint? Das Ende eines Paares muß nicht bedeuten, daß die beiden sich trennen, sondern vielleicht nur, daß sie sich mit wenigem zufriedengeben.

Ich will nicht in Dummheit sterben

Mai-Ästhet: Aber warum all die Gewalt? Warum diese Barrikaden?

Studentin: Weil eure Welt zu dumm ist.

Redner: Und Sie glauben, Sie könnten sie ändern?

Studentin: Warum nicht?

Mai-Ästhet: Sie arme Kleine, und wie wollen Sie das anstellen?

Studentin: Wir erziehen die Erziehbaren, lassen die Unerziehbaren aussterben und töten alle, die uns erziehen wollen.

Mai-Ästhet: Sie reden jetzt irgendwas daher.

Studentin: Besser irgendwas daherreden als die Schnauze halten! Besser irgendwas tun als resignieren.

(Aus dem Bühnenstück
Je ne veux pas mourir idiot)

Im Mai 68 entzogen wir der Gesellschaft das Vertrauen. Wenn uns damals jemand entgegenhielt, wir seien blinde, wirrköpfige Aufrührer – »aber ihr wollt ja nur alles kurz und klein schlagen, ihr wißt ja nicht mal, was ihr an die Stelle dieser Gesellschaft setzen wollt, die euch so sehr mißfällt!« –, grinste ich nur und bestand auf meinem Recht zu wissen, was ich nicht wollte, und nicht zu wissen, was ich wollte.

Zehn Jahre später finde ich mich den Frauen gegenüber in der Lage des liberalen Sympathisanten wieder, belustigt, verärgert, erschrocken, verständnisvoll und skeptisch zugleich.

Wenn ich von dir oder anderen Frauen wissen will, was ihr an die Stelle der gegenwärtigen Beziehungen zwischen Mann und Frau setzen wollt, wenn ich dich frage, ob der Feminismus auf mehr hinausläuft als ein paar Reformen, für die auch die Intelligenz und Demagogie eines Staatspräsidenten oder einer x-beliebigen Partei ausreichen könnten, scheint ihr eurer Sache nicht allzu sicher zu sein. Wenn ich euch sage, daß der Feminismus in der Gesellschaft von heute logischerweise nur zum Zerfall der Paarbeziehungen führen könne, antwortet ihr mir, ja, du hast recht. Vielleicht gibt es Theorien, in denen sich Frauen eine utopische Idealgesellschaft erdacht haben, nicht nur für sie selbst – wie in den *Bergères de l'Apocalypse* von Françoise d'Eaubonne, wo sie uns nach amazonischem Vorbild allesamt massakrieren, nachdem ihnen die Wissenschaft Mittel verschafft hat, ohne unsere Mitwirkung Kinder in die Welt zu setzen –, sondern auch für uns.

Solche Modelle einer gerechten Gesellschaft könnten für eine Reflexion dienen, eine Art Entwurf für das Jahr Null der Frauen, in dem man, wie Gébé geschrieben hat, zunächst einmal alles stoppen und alles neu bedenken würde – was sicher nicht schlecht wäre.

Ich weiß, daß die Zeit knapp ist, daß ihr das Dringlichste zuerst vornehmen müßt und deshalb die Organisation von S.O.S.-Häusern für mißhandelte Frauen wichtiger findet als Veranstaltungen für Träumerinnen, aber lange werdet ihr auf die Phantasie, auf die Utopie nicht verzichten können, sonst vergeudet ihr eure Zeit mit steriler Kritik und herausfordernden Gesten.

Unterdessen suchen auch die Männer – mit wechselndem Erfolg – nach Gesellschaften, die gerechter wären als die unsrige, und manchmal lassen sie sich auch auf Experimente ein. Ich denke an China. Die Frauen waren dort entweder Zierpüppchen oder Lasttiere. Der Maoismus hat ihnen ein Bewußtsein ihrer Würde gegeben und ihnen gestattet, ihre Kräfte mit denen der Männer zu vereinen und dem Land ein neues Gesicht zu geben. Damit sie bei dieser edlen Aufgabe von nichts anderem abgelenkt werden, hat der Maoismus sie so häßlich gemacht wie nur irgend möglich und Kleidung und Haartracht uniformiert. Die Sexualität ist nach allem, was ich darüber gelesen habe, auf ein Minimum reduziert; junge Paare haben praktisch kaum das Recht auf ein gemeinsames Leben; und außereheliche Beziehungen werden so gut wie unmöglich. Ich wiederhole nur, was ich gelesen habe.

Ich bin nie in China gewesen. Ich glaube gern, was man sich erzählt, nämlich daß das Leben dort nicht sehr lustig ist. Die Gerechtigkeit ist selten lustig. Gerechtigkeit ist öde. Lustig ist nur die Freiheit. Die einzige gute Nachricht aus China, die ich gelesen habe, war der Bericht eines Journalisten in der *Libération*, der in irgendeiner chinesischen Stadt gesehen hatte, wie sich Jungen und Mädchen in einem Vorstadtkino wechselseitig masturbierten. Das war 1977. Wenn diese menschlichen Ameisen anfangen zu wichsen, ist das ein gutes Zeichen. Aber ist das schon Feminismus? Die Chinesinnen sind sicher nicht unglücklicher als ihre Männer, aber sind sie deshalb glücklich? Jedenfalls habe ich unter den lächelnden alten Leutchen, die dort die hohen Tiere empfangen, noch nicht viele Frauen bemerkt. Um so mehr Frauen sieht man dafür im Hintergrund, wo sie anmutig mit Girlanden und Blumen wedeln.

Mein Freund, der Zeichner Willem, ist nach Österreich gefahren, um das Zentrum der AA-Kommunen zu besuchen. Seine Reportage darüber ist im Mai 1977 in *Charlie-Hebdo* erschienen. Woraus bestehen diese Kommunen? Aus Männern und Frauen, die beschlossen haben, sich von der Familie zu befreien. Die Familie ist nach ihrer Auffassung die Wurzel aller menschlichen Übel. Die Väter wünschen den nächsten Krieg herbei, nur um die Familie loszuwerden, und die unterdrückte Mutter gibt all ihren Haß an die Kinder weiter, aus denen Kommunisten, Faschisten oder – im günstigsten Fall – Kapitalisten werden.

Die Prinzipien, nach denen diese Sekte lebt, sind freie Liebe, Gemeineigentum, kollektive Erziehung der Kinder und Teilnahme an den »Selbstdarstellungs«-Gruppen. Freie Liebe bedeutet, daß jedes Mitglied der Kommune mit jedem anderen vögeln kann, wo und wann es will.

Ich vergaß zu erwähnen, daß Männer wie Frauen sich den Kopf kahl rasieren und die gleiche Arbeitskleidung tragen, die die Formen verbirgt.

Die »Selbstdarstellung« ist eine Art Gruppen-Psychoanalyse. Jeden Abend setzt man sich im

Kreis zusammen, und einer nach dem andern geht aus sich heraus. Ein Gruppenleiter und musikalische Untermalung sind dabei behilflich. Wir alle reden nur zu gern von uns selbst. Das wußten wir längst, und die Rundfunksender nutzen dieses Bedürfnis schon weidlich aus. Die sexuelle Freiheit und die Möglichkeit, sich auszusprechen, sichern den AA-Kommunen eine solide Klientel von »Frustrierten«.

Auf dem Papier sieht das alles ganz logisch aus. Denken wir uns diese Theorien einmal auf ein großes Land wie Frankreich übertragen. Wir hätten dann den Maoismus plus Sex. Intellektuell wäre das unanfechtbar. Aber leben können Menschen so nicht.

Die Feministinnen

Der Feind ist also der Mann? Nein, der Feind ist das Bornierte, Voreingenommene, Dumme, in seinen stromlinienförmigen Überzeugungen Unerschütterliche. Aber leider trägt dieser Feind immer Anzug und Latschen Größe 44.

SYLVIE DASTER,
Charlie-Hebdo

Ich wollte nicht mit einer unterdrückten, unterwürfigen Frau zusammenleben, die nicht weiß, ob sie ihren Herrn und Meister mehr bewundern oder mehr fürchten soll.

Die ideale Gefährtin für mich wäre so eine wie Myrna Loy in den alten Kriminalfilmen, in denen William Powell den Verführer spielt. Sie ist verwöhnt, ironisch, besäuft sich stilvoll, hat immer eine Strähne über dem Auge und macht tausend Dummheiten. Natürlich würde ich sie aus den schlimmsten Patschen immer wieder herausholen und sie würde mir ab und zu das Leben retten, indem sie aus ihrem perlenbesetzten Handtäschchen eine kleine Automatische mit Perlmuttkolben zieht und den Mörder niederstreckt.

Der Feminismus hat mich überrumpelt. Ich hielt meine Einstellung zu den Frauen für untadelig. Dann mußte ich feststellen, daß ich trotz aller Liebe, Achtung, Rücksicht und Bewunderung, die ich ihnen entgegenbringe, im Grunde meines Herzens ein elender Phallokrat bin und bleibe. Ich fand es zwar ganz normal, niemanden zu unterdrücken, aber mich unterdrücken lassen, das wollte ich auch nicht.

Mir war immer unbehaglich, wenn ich im Schatten ungewöhnlicher Frauen, die durch Intelligenz oder Schönheit auffielen, deren blasse Gefährten beobachten konnte, wie sie auf eine lächerliche Art, die niemanden täuschte, die graue Eminenz zu spielen versuchten, den männlichen Ratgeber oder Schildknappen.

Entschiedene Feministinnen wie du, deren Aufrichtigkeit nicht zu bezweifeln ist, waren sehr bald vom Verhalten derjenigen abgestoßen, die den Feminismus nur als Sprungbrett, als Therapie oder Machtmittel benutzten.

Schon auf der Treppe roch ich die Zigaretten. Du kannst Zigarettengeruch nicht ertragen, aber deine feministischen Freundinnen rauchen alle. Du hast also nichts gesagt, aber als sie fort waren, hast du wütend die Fenster aufgerissen. Ich habe mich in mein Arbeitszimmer verkrochen, während ihr im Wohnzimmer zusammensaßt, um die letzten Frauennachrichten zu bereden oder an eurer Zeitschrift zu basteln. Ich muß gestehen, ich war irgendwie eingeschüchtert; ich wagte mich kaum hinaus, um auf die Toilette zu gehn. Als das Telefon klingelte und jemand für dich dran war, mußte ich wohl oder übel den Kopf zur Tür hineinstrecken, nachdem ich angeklopft hatte. Das Gespräch wurde kaum unterbrochen. Nicht eine, die mich beachtet oder auch nur den Blick zu mir erhoben hätte.

Wenn eine Frau ein Zimmer oder einen Büroraum betritt, in dem mehrere Männer arbeiten, gibt es eine Unterbrechung, eine Erholungspause. Man schaut auf ihre Brüste, wenn sie näherkommt, und begutachtet ihren Hintern, wenn sie wieder hinausgeht. Wenn man sie kennt, erhebt man sich zu einem Begrüßungsküßchen, oder man drückt ihr zart die Fingerspitzen. »Was für ein Qualm hier drin!« ruft sie aus, oder vielleicht fragt sie: »Brauchen Sie irgendwas?« Ich dagegen, ich armes Würstchen unter all diesen Feministinnen wurde vollkommen ignoriert. »Maryse, Nicole ist am

Apparat«, konnte ich nur stammeln, dann ergriff ich schmählich die Flucht. Ähnlich muß einem proirakischen Palästinenser zumute sein, der versehentlich in ein Zimmer kommt, wo die prosyrischen Palästinenser gerade ihr nächstes Botschaftsattentat vorbereiten, oder umgekehrt.

Für euch war ich der Mann, das Familienoberhaupt, der Tyrann, Vergewaltiger und konservative Phallokrat, dessen reaktionäre Untaten in eurer Zeitschrift unermüdlich angeklagt werden. Hinzu kam sicherlich noch eine gewisse Zurückhaltung, die sich Frauen den Männern gegenüber oft auferlegen, wenn sie zu mehreren sind. Befürchten sie, daß das scharfe Auge ihrer Nachbarin das kleinste Anzeichen einer unreinen Absicht bemerken könnte?

Die feministischen Veranstaltungen, zu denen wir zusammen hingegangen sind, ich halb resigniert, halb neugierig, fand ich ziemlich trübsinnig. Auf unbequemen Plätzen in überfüllten Sälen hörte ich Frauen ihre Freude darüber verkünden, daß sie nun endlich die Freiheit hätten, über ihre Regel und ihre Schwangerschaften zu sprechen. Seit zwanzig Jahren arbeite ich an der Zeitschrift *Hara-Kiri* mit, wo Tampax-Witze zum traditionellen Repertoire gehören. Mein Leben lang habe ich gegen Tabus gekämpft, egal welche. Diese bizarren Ergüsse aber erinnerten mich sehr an das Gebaren von Kindern, die mit besonderer Freude die verbotenen Wörter aussprechen. Ich fand, mich ging das nichts an.

Sicher, die Situation der Frau als Haushälterin, Gattin, Mutter und Sexualobjekt ist mir allzu lange als selbstverständlich, ihre Unterordnung unter den Mann als naturgegeben erschienen. Es ist nicht so leicht, sich gegen das in tausend konventionellen Situationen Eingeschliffene zu wehren, das uns nicht nur die Szenen des Alltags aufdrängen, sondern auch die Literatur und die audiovisuellen Medien.

Ihr entfernt euch immer mehr von den Archetypen der Frau: der perfekten Sekretärin, ergeben und tüchtig, von der man sagt: »Sie ist unentbehrlich«, und die außerdem noch lange, seidenbestrumpfte Beine unter ihrem strengen Rock hat, schöne Augen hinter den Brillengläsern, etwas Humor unter der korrekten Frisur, aus der kein Härchen vorsteht, und ein beunruhigendes Geheimnis unter der hochgeschlossenen Bluse; der Krankenschwester, die unter ihrem Kittel nackt ist und dem affenartig behaarten Chirurgen die Schere reicht und sich dann, nach einer anstrengenden vierstündigen Operation, kameradschaftlich bumsen läßt; der Gefährtin des von seinem Talent und vom

Alkohol aufgefressenen Malers, die ohne mit der Wimper zu zucken seine Schläge und Schimpfworte einsteckt. Und sobald ihr mit diesen Frauen nichts mehr gemein habt, sobald ihr nicht mehr bereit seid, uns eure kühle Hand tröstend auf die brennende Stirn zu legen oder voll Bewunderung für soviel männliche Kraft unseren Bizeps zu betasten, sobald ihr ein lüsternes Gesicht des Mannes an eurer eisigen Miene abprallen laßt, sobald ihr uns im Bett Zeitpunkt, Gewohnheiten und Phantasien oder vielmehr euren Mangel an Phantasie aufzwingt, geschieht mit dem Mann etwas Dramatisches: er kriegt ihn nicht mehr hoch.

Der normale Mann bekommt nur schwer eine Erektion, wenn ihn seine Partnerin nicht glühend bewundert. Er muß sich einbilden können, sie bewundere seinen Steifen wie ein Fan sein Idol. Wenn sie gleichgültig oder ironisch ist oder es schlicht eilig hat, fühlt er sich ungerecht behandelt. Er ist frustriert, er möchte sie vielleicht sogar schlagen oder sich weinend in eine Ecke verkriechen.

Die Frauen wissen, daß dieser lächerliche Mechanismus für uns so wichtig ist. Es ist unser schwacher Punkt, und sie kennen ihn. Eine Frau, die weiß, wie man einen Mann scharf macht, bleibt selten lange allein. Ich spreche natürlich nur von dem Mann in unserer liberalen, aufgeklärten Gesellschaft. Nicht von dem brutalen Macho Lateinamerikas, Afrikas oder der Mittelmeerländer, der die Lust für sich allein will, ohne sich um die Empfindungen der armen Geschöpfe zu kümmern, die er quält.

Wir dekadenten Männer des Abendlands haben die Schwäche gehabt, unsere Frauen den Orgasmus entdecken zu lassen. Langsam, aber sicher ist der Orgasmus zur wichtigsten Angelegenheit der Welt geworden, der ganze Liebesakt dreht sich nur um ihn. In wohlbedachten Abstufungen versuchen wir erst das Verlangen und dann die Lust in euch anschwellen zu lassen. Jeder hat dafür sein kleines Programm, seine Kniffe und Taktiken. Die Frau nicht zum Orgasmus zu bringen ist ein schwerer Verstoß gegen die Spielregeln. Wer zu früh seinen Samen ergießt, lebt in einem ständigen Schrecken und Schuldgefühl. Die Ungeschickten, die Brutalen und die Nachlässigen stehen rot unterstrichen auf der schwarzen Liste.

Den Feministinnen sagt man nach, daß sie unbefriedigt seien. Ihr armen Täubchen, es stimmt in vielen Fällen! Aber wer, bitte, läuft mehr Gefahr, unbefriedigt zu bleiben? Die Männer. Ein Mann, der eine Frau vergewaltigt, ist vermutlich einer, der sich einer kessen Biene, die mit wippenden Brüsten und muskulösem Hintern durch die Straßen eilt und jeden Anbaggerer mit Blicken abschmettert, nicht gewachsen fühlt.

Nach dem Kampf um Empfängnisverhütung und Abtreibung kam eine Zeit des Kampfes gegen die »Vergewaltigung in der Ehe«. Hier mußten wir umlernen. Vergewaltigung ist fast so schlimm wie Mord – etwas, das man nicht tut, es sei denn im Krieg. Aber alle Männer kennen Vergewaltigungsphantasien, auch ich, muß ich gestehen. Die entkleidete, gefesselte, preisgegebene, zur Unterwerfung gezwungene Frau, die angekettete Sklavin: welcher Mann hätte davon nicht irgendwann schon geträumt? Was wohl zeigt, wie anfällig wir sind und wie sehr eure Freiheit uns beängstigt. Vergewaltigungsfälle kamen in den Zeitungen und anderen Medien groß heraus. Übergriffe von Vätern an ihren Kindern, von betrunkenen Soldaten und jugendlichen Gangs, sexuelle Mißhandlung von Abhängigen und Minderjährigen wurden mit harten Strafen belegt, während die Öffentlichkeit eher darüber entrüstet war, daß man von solchen Kleinigkeiten soviel Aufhebens machte. Denn, wie man ja weiß, ein »anständiges« Mädchen läßt sich nicht vergewaltigen. Die Opfer sind immer Autostopperinnen, Herumtreiberinnen aus den Diskotheken oder Töchter von Alkoholikern. Eine, die vergewaltigt wird, muß es wohl ein wenig darauf angelegt haben, denkt die schweigende Mehrheit, die weiß, wie es zugeht im Leben.

Wir haben mehrmals junge Mädchen bei uns untergebracht, denen die Gruppe »Choisir« rechtlichen Beistand besorgte. In der Zeitschrift eurer Bewegung hast du ein interessantes Foto veröffentlicht: die Dorfschulklasse mit dem künftigen Opfer, einem damals noch sechsjährigen Mädchen in einer niedlichen Schürze, mitten unter den Früchtchen, die sie später vergewaltigten. Zur Zeit des Prozesses war das arme Ding für die Leute im Dorf zur Hauptschuldigen geworden. Warum hatte man wegen so einer Bagatelle drei Jungs aus der Nachbarschaft ins Gefängnis gesteckt? Die Anwälte taten sich schwer vor Gericht, denn die Ärmste wirkte ein bißchen zu hinterhältig. Was ja noch kein Grund gewesen sein dürfte, sie zu vergewaltigen.

Die beiden hübschen jungen Belgierinnen, die ein paar Schuften aus dem Süden in die Hände gefallen waren, haben wir beherbergt. Sie haben im Zimmer einer unserer Töchter geschlafen, die in den Ferien war. Mir war es peinlich, als wäre ich ein Komplize der Halunken, die sie erst belästigt und dann vergewaltigt hatten. Wenn sie im Badezimmer waren, traute ich mich nicht aus meinem Zimmer, weil ich befürchtete, ihnen auf dem Flur zu begegnen. Nach einer Weile beschloß ich dann, in die Küche zu gehen, und als ich an der angelehnten Tür ihres Zimmers vorüberkam, riskierte ich trotzdem einen Blick. Die eine von ihnen lag auf dem Bett, mit offenem Bademantel, der ein entzückendes nacktes Bein sehen ließ.

Du warst sehr entrüstet, als eine rechte Wochenzeitung anläßlich ihres Prozesses von der Vergewaltigung berichtete und dabei – gleichsam als mildernden Umstand für die Vergewaltiger – hervorhob, die Mädchen hätten sich zwar anfangs heftig gewehrt, dann aber bald eine entgegenkommendere Haltung gezeigt.

»Was hätten sie denn tun sollen? Sich umbringen lassen?« hast du geschimpft, als du den Artikel gelesen hast. Aber dann hast du noch etwas hinzugefügt, was mich auf ganz sonderbare Gedanken brachte: »Schließlich kann man in einer solchen Situation doch nicht wissen, wie unser Körper reagiert.«

Es ist merkwürdig: daß ein Mann mit einer Frau schläft, die ihn verabscheut, und dabei Lust empfindet, konnte ich mir ohne weiteres vorstellen. Daß es einer Frau ebenso ergehen könnte, hätte ich nie gedacht. Ich stellte mir plötzlich vor, wie du vor meinen Augen vergewaltigt würdest, während man mir ein Messer an die Kehle setzte, und du konntest es nicht verhindern, daß dein Körper sichtlich »reagierte«. Ein Albtraum für einen eifersüchtigen Mann!

Zum Schluß

Warum habe ich dir diesen offenen Brief geschrieben? Wahrscheinlich, weil ich in die Jahre komme, in denen man gern eine erste Bilanz zieht. Ich bin nicht mehr jung. Ich bin aber auch noch nicht alt. Ich habe noch etliche schöne Jahre vor mir, aus denen ich das Beste machen werde. Dich kann ich aus diesen Jahren nicht wegdenken. Ich bin darüber sehr froh.

Wenn du nur ein bißchen mehr lügen und schauspielern könntest, wenn du ein bißchen fügsamer wärest, so wie die meisten Frauen es notgedrungen sind, würde das Leben für mich leichter. Aber du schenkst mir nichts. Dein Blick ist unerbittlich, dein Gehör untrüglich; unmöglich, in deinem Beisein schwach oder feige, unehrlich oder brutal zu sein oder keine ganz sauberen Fingernägel zu haben! Du bist wirklich die Frau, die ich brauche, denn ich selbst habe keinen Willen und kann nur mit deiner Hilfe den Eindruck erwecken, ich hätte einen. Wäre ich allein geblieben, hätte ich meine Nächte in den Kneipen vertrödelt. Ich wäre ein dikker, schmuddeliger Alkoholiker geworden. Ich glaube, wenn die Männer etwas Gutes tun, dann tun sie es, um den Frauen zu imponieren. Ein Glück, daß es euch gibt!

Aber es wird immer schwieriger, den Frauen zu imponieren. Denn sie begegnen uns mit diesem strengen Blick, der uns durch seine Klarsicht einschüchtert. Und jeden Tag beweisen sie uns von neuem, daß sie alles ebenso gut können wie wir. Es scheint mir sicher, daß wir in einer Zeit leben, in der gerade eine neue Form von Paarbeziehungen entsteht. Die Sitten und Gebräuche haben sich in den letzten zehn Jahren mehr verändert als vorher in hundert Jahren. Meine Jugend habe ich noch unter lauter Tabus verbracht, und dabei hatte ich doch aufgeschlossene, liebevolle Eltern. Die Mütter von heute lassen ihren Töchtern Freiheiten, an die ihre Mütter nicht zu denken gewagt hätten. Wir leben in einer Zeit des Umbruchs, in der die bürgerlichen Wertvorstellungen abschlaffen und in der wir langsam, aber sicher auf eine Art Sozialismus zusteuern.

Inmitten dieses Umbruchs, wo die Frauen für sich die Schwesterlichkeit entdecken, die Freundschaft, wie sie die Männer von Jugend an kennen, wo sich blasierte Oberkellner eleganter Hotels nicht mehr wundern, wenn bei Geschäftsessen eine

Frau den Wein vorkostet, wo es sein kann, daß eine Frau mit einer Zigarre im Mund eine Aufsichtsratssitzung leitet, in dieser Zeit bleibt der Mann dennoch, wie das Gold, die Reservewährung.

Feministin sein ist schön und gut, es ist normal und obendrein schick. Aber allein zu leben bleibt ein Makel, ein Grund zum Gespött, ein Problem, vor dem viele Frauen zurückschrecken. Ich bin mir ganz sicher, ihr braucht uns ebenso wie wir euch. Aber vor allem wollt ihr auch Kinder haben, und diese Kinder legen eher euch an die Kette als uns. Macht ihr euch dieses Problem wirklich klar, anstatt uns eure Sorgen vorzurechnen und sie uns in die Schuhe zu schieben? Wann werdet ihr euch weigern, die Bruthennen zu spielen?

Wir sind jetzt in derselben Lage wie Professoren, die man plötzlich auspfeift. Unsere Autorität hat einen schweren Schlag erlitten. Manche von uns ertragen das nicht; andere sind allzu gefügig und versuchen sich anzubiedern. Wieder andere, zu denen ich mich zählen darf – wenigstens hoffe ich das –, wollen, daß man ihnen eher Liebe als Gehorsam, eher Achtung als Furcht entgegenbringt, und verlangen nur ein Minimum an Rücksicht, Freundlichkeit und Verständnis.

Letzten Endes sind wir nicht wenig stolz auf unsere feministischen Frauen. Sie sind unser Markenzeichen für Intelligenz und geistige Aufgeschlossenheit. Vielleicht haben aus ähnlichen Gründen auch die alten Römer ihre Sklaven freigelassen. Ich möchte noch hinzufügen, daß euch schließlich der Feminismus selbst auf Trab hält und euch Arbeit gibt – eine Arbeit, aus der ihr keine Männer verdrängen müßt. Ihr schreibt Bücher, in denen ihr uns sagt, was ihr von uns haltet. Ihr macht Zeitschriften ohne Modeseiten, damit man euch ernst nimmt. Ihr streitet, agitiert, entrüstet euch, veranstaltet Demonstrationen. Ihr macht euch über uns lustig. Ja, das hält euch in Atem. Und erspart euch vielleicht das Nachdenken darüber, wie die Gesellschaft aussehen müßte, die euch recht wäre, und was für ein Bündel Vorurteile ihr selbst mit euch herumschleppt. Überlegt bitte, was es wirklich bedeuten würde, wenn alle Pflichten in einer Gesellschaft von Frauen und Männern zu gleichen Teilen getragen würden, und dann sagt mir, ob es das ist, was ihr wollt.

Der Feminismus ist ähnlich wie die ökologische Bewegung ein Sammelbecken für Menschen aus allen Lagern. Wie die ökologische Bewegung ist er nichts ohne politische Macht oder die Möglichkeit der Einflußnahme. Er weckt Hoffnung, weil er anzeigt, daß etwas bewußt geworden ist, und Verzweiflung, weil das zu lösende Problem so gewaltig ist.

Die Frauen werden auf diesem Planeten ungerecht behandelt. Sie werden unterdrückt und entrechtet, als Gebärmaschinen oder als Lasttiere behandelt.

Ich habe Frauen in der Wüstensonne herumlaufen sehen, während die Männer im Schatten saßen und Pfefferminztee tranken. Praktisch dasselbe habe ich auch schon bei uns unter dem grauen Himmel von Paris oder auf dem Lande gesehen.

Ja, das alles muß sich ändern. Ich zähle auf dich und deine Freundinnen. Dem Phallokraten, der ich nun mal bin, wird bang ums Herz beim Gedanken an all die armen Frauen, die nicht das Glück haben, mit so einem netten Mann verheiratet zu sein wie du.

Tomi Ungerer
im Diogenes Verlag

»Ungerer ist ein vor Einfällen explodierender brillanter Cartoonist, der gern Juxpulver ausstreut: seine Zeichnungen haben keinen doppelten, sie haben vierfachen Boden, zeigen mit jedem Strich, daß er nicht nur ein ›teuflisch gutes Auge‹ hat (Sendank über Ungerer), sondern eine teuflisch gute Hand.«
Die Zeit, Hamburg

Bilderbücher für Erwachsene:

Fornicon
Mit einem Vorwort von Walther Killy

Der Sexmaniak
77 Zeichnungen aus dem Geheimen Skizzenbuch

The Poster Art of Tomi Ungerer
Edited by Jack Rennert

Babylon
The Book To End All Books

politrics
Posters/Cartoons 1960–1979. Herausgegeben von Anton Friedrich

Slow Agony

Warteraum
Wiedersehen mit dem Zauberberg

Schutzengel der Hölle

Derby
Mit einem Vorwort von Tomi Ungerer

Heute hier, morgen fort
Here today, gone tomorrow. Deutsch von Hans-Joachim Hartstein und Christa Hotz

Tomi Ungerer's Tierleben

Tomi Ungerer
Eine Retrospektive, veranstaltet von Daniel Keel. Mit Texten von Friedrich Dürrenmatt, Manuel Gasser, Walther Killy und Tomi Ungerer

Die Gedanken sind frei
Meine Kindheit im Elsaß

Bilderbücher für alle:

Das große Liederbuch
204 deutsche Volks- und Kinderlieder, gesammelt von Anne Diekmann, unter Mitwirkung von Willi Gohl, mit 156 bunten Bildern von Tomi Ungerer

Das große Buch vom Schabernack
333 lustige Bilder von Tomi Ungerer mit frechen Versen von Janosch

Das große Buch der kleinen Tiere
Elf Gute-Nacht-Geschichten von Bernhard Lassahn mit 34 Bildern von Tomi Ungerer

Schnipp Schnapp
oder Was ist was?

Sempé
im Diogenes Verlag

»Friedfertigkeit des Einzelbürgers und bedrohliches
Großstadtgetümmel, verträumtes Provinzlerglück
und urbane Hektik, die liebenswerte Verschrobenheit
altmodischer Vorstadtkäuze und die austauschbare,
anonyme Fließband-Zivilisation sind die beiden Pole,
zwischen denen sich die leichthändig skizzierten,
manchmal duftig kolorierten Szenen des subtilen, men-
schenfreundlichen Cartoonisten entfalten, der 1932 in
Bordeaux geboren wurde und eigentlich Jazzmusiker
oder Fußballspieler werden wollte.
Jean-Jacques Sempé ist ein einfühlsamer Menschen-
beobachter und präziser Situationsschilderer, der stets
Gewitztheit und Charme, Pointe und atmosphärische
Wirkung zu verbinden weiß. Er ist verspielter Ro-
mantiker und lächelnder Melancholiker zugleich; immer ein Herr der leisen, verhaltenen Töne. Ein Flaneur
zwischen nostalgischen Skurrilitäten und modernem
Alltag.« *Frankfurter Allgemeine Zeitung*

Sempé's Volltreffer
Geschichten, die das Leben schreibt

*Wie sag ich's meinen
Kindern?*
Ein Buch über den Umgang mit Kin-
dern

Nichts ist einfach
Aus dem Französischen von
Fritz Bondy. Mit einem Vorwort von
François Bondy

Sempé's St-Tropez
Deutsch von Anna von Cramer-Klett

Carlino Caramel
Deutsch von Anna von Cramer-Klett

Von den Höhen und Tiefen
Deutsch von Hansjürgen Wille und
Barbara Klau

Alles wird komplizierter
Deutsch von François Bondy

*Wie verführe ich die
Frauen?*

*Wie verführe ich die
Männer?*
Ein nützliches Handbuch

Gute Fahrt!
und andere Bildergeschichten

Der Lebenskünstler
und andere Bildergeschichten

Umso schlimmer

Sempé's Musiker
Solisten und Orchester aller Stile in allen Stilen

So ein Zufall
Ein sorgsames Abbild unserer schnell-
lebigen Zeit. Deutsch von Claus Sprick

Der Morgenmensch
Deutsch von Angela von Hagen

Halb gewonnen
Deutsch von Angela von Hagen

Stille, Sinnenlust und Pracht
Deutsch von Angela von Hagen

Wie das Leben so spielt
Der gesellschaftliche Aufstieg des
Monsieur Lambert. Deutsch von
Anna von Cramer-Klett und Eugen
Helmlé

Fenster
Mit einer Einführung von Claus
Heinrich Meyer

Sempé's Konsumenten

Sempé's Paris

Sempé's Beziehungskisten

Sempé's Katzen

Air Mail
Deutsch von Ursula Vogel

Wohin die Liebe fällt

Verwandte Seelen
Deutsch von Patrick Süskind

Patrick Süskind & Sempé
*Die Geschichte von Herrn
Sommer*
Mit Bildern von Sempé

Patrick Modiano & Sempé
*Catherine, die kleine
Tänzerin*
Deutsch von Ingrid Altrichter

Sempé illustrierte außerdem sämtliche
Nick-Geschichten von Goscinny, dem
Asterix-Autor:

Der kleine Nick

*Der kleine Nick und seine
Bande*

*Der kleine Nick und die
Schule*

*Der kleine Nick und die
Ferien*

*Der kleine Nick und die
Mädchen*
Alle übersetzt von Hans-Georg
Lenzen

Manfred Deix
im Diogenes Verlag

»Wie einst der von Herzen gehaßte ›Fackel-Kraus‹ ist
Manfred Deix heute nicht mehr aus dem Inventar der
Hauptstadt Wien und der ihr zugehörigen Republik
wegzudenken. Deix verzerrt keineswegs sehr grob,
was er sehend und hörend wahrnimmt; vielmehr
nimmt er die Realität beim Wort und gibt sie noch ein
wenig wörtlicher wieder – und zwar genau um jenes
wenige, dessen es bedarf, damit die Wirklichkeit zur
Kenntlichkeit entstellt wird. Natürlich steckt hinter
diesen obszönen Anschlägen auf die öffentliche Moral
nichts anderes als ein Moralist, der sich gegen die
Obszönität zur Wehr setzt.«
Matthias Rüb/Frankfurter Allgemeine Zeitung

Augenschmaus
Das neue Tagebuch. Mit einem Vorwort
von Billy Wilder

Der Männer-Report
Mit einem Vorwort von Thomas Gottschalk

Küss' die Hand

Geisterfahrer
Menschen unterwegs

Roland Topor
im Diogenes Verlag

»Wie Goya spürt auch Topor, daß der Schlaf der Vernunft Monstren gebiert – und vom Triumph der Unvernunft handeln seine Momentaufnahmen einer Wirklichkeit, in der alles immer das schlimmstmögliche Ende nimmt. Topor ist ein Moralist, der keine Tabus kennt. Topors Werk ist eine Biblia pauperum für die Legastheniker des Medienzeitalters.«
Helmut Schneider/Die Zeit, Hamburg

»Roland Topor ist ein menschliches Feuerwerk, das in alle Richtungen sprüht, krachend und aufrüttelnd, unterhaltsam und erschreckend.«   *Ronald Searle*

Das künstlerische Werk:

Tagträume
Vorwort von Arrabal

Therapien
Zeichnungen 1970–1981. Herausgegeben von Christian Strich

Topor, Tod und Teufel
Herausgegeben von Wolfgang Till, Christoph Stölzl und Gina Kehayoff. Mit über 400 Abbildungen, davon mehr als 150 Farbtafeln

Das schriftstellerische Werk:

Der Mieter
Roman. Aus dem Französischen von Wolfram Schäfer

Memoiren eines alten Arschlochs
Deutsch von Eugen Helmlé

Der schönste Busen der Welt
Zweiundfünfzig Geschichten und eine Utopie. Deutsch von Ursula Vogel und Lislott Pfaff

Bosc
Ich liebe dich

300 Zeichnungen
Auswahl und Einleitung von
Christian Strich

»Boscs Figuren haben das Leben satt und sind doch grenzenlos hungrig nach Liebe. Der Bosc-Mensch ist ein lebensmüder Erotomane. Jedes Mikrodrama endet mit der Niederlage seines Hauptdarstellers. Siege in der Liebe gibt es für ihn nicht – nur das endlose Unentschieden (Ehe genannt) oder die totale Niederlage. Einer der größten Cartoonisten unserer Zeit.«
Benjamin Henrichs/Süddeutsche Zeitung, München

»Bosc, ich und einige andere Anfänger wurden Freunde. Wir beschimpften uns ständig... Bosc trug eine Miene intensiven innerlichen Vergnügens zur Schau. Und wie er sich Sorgen machte um seine Zeichnungen! Er zeichnete auf granuliertem Papier, was seinem Strich ein leichtes, sehr ausdrucksvolles Zittern verlieh. Und die Einfälle! Ach, diese Einfälle! Alle Zeichner liebten Bosc. Manche sogar mit leidenschaftlicher Bewunderung...«   *Sempé*